日日滋养

365天爱自己的生活良方

Enjoy tender moments

Tips to find internal energy to love yourself always

周一妍 著

广西科学技术出版社

图书在版编目（CIP）数据

日日滋养：365天爱自己的生活良方 / 周一妍著. —南宁：广西科学技术出版社，2020.12（2024.1重印）
ISBN 978-7-5551-1372-0

Ⅰ.①日… Ⅱ.①周… Ⅲ.①女性—生活方式—通俗读物 Ⅳ.①C913.3-49

中国版本图书馆CIP数据核字（2020）第090526号

RIRI ZIYANG：365 TIAN AI ZIJI DE SHENGHUO LIANG FANG

日日滋养：365天爱自己的生活良方

周一妍 著

策划编辑：刘 洋　　责任编辑：蒋 伟
产品监制：冯 兰　　插　　画：宁大侠
责任印制：高定军　　装帧设计：古澗千溪 Q:1324186556

出 版 人：梁 志　　出版发行：广西科学技术出版社
社　　址：广西南宁市青秀区东葛路66号　　邮政编码：530023
电　　话：010-65136068-800（北京）　　0771-5845660（南宁）
传　　真：0771-5878485（南宁）

经　　销：全国各地新华书店
印　　刷：北京华联印刷有限公司　　邮政编码：100176
地　　址：北京市经济技术开发区东环北路3号
开　　本：880mm×1240mm　1/32
字　　数：300千字　　印　　张：9
版　　次：2020年12月第1版　　印　　次：2024年1月第6次印刷
书　　号：ISBN 978-7-5551-1372-0
定　　价：69.80元

爱自己，是终生浪漫的开始。——［英］奥斯卡 · 王尔德

推荐序

Foreword

疗愈存在于身体与心灵之间

从前，有个小姑娘，住在混乱忙碌的街区里。一天，她穿了条新裙子，妈妈看了想：我美丽的女儿啊，我要给你做一顿好吃的。她不仅做了一桌美食，还铺了一块干净整洁的新桌布。爸爸看见小姑娘的新裙子和干净的家，心想：我的女儿，配得上更美的房子。于是他动手粉刷了房子的里里外外。有着美丽颜色的房子和穿着新裙子的小姑娘在这样一个人人疲于奔命，无暇思考美丽与秩序为何物的街区里悄悄地改变着大家：粗鲁的公交车司机看见小姑娘，收回了正要脱口而出的脏话；调皮捣蛋的同学们看见小姑娘，收回了正在挥舞的拳头；邻居看见小姑娘和她的新家，也纷纷效仿……整条街在很短的时间里变得整洁、美丽与文明。

这可能是个童话，而我却一直深信不疑。因为对我来说，一朵（作者网名）就是那个小姑娘，而她在 2015 年创办的自媒体“第 1 整理术 Yi Organizer”就是那条新裙子。

一朵和她的“整理术”是一个奇迹，像小小蝴蝶，轻盈地扇动翅膀，却可以影响千里之外的水波。“整理术”，这原本被轻视为一种家庭主妇收纳技术的“学问”，在“第 1 整理术 Yi Organizer”的平台引介下，却涉足了哲学、文学、艺术、心理学、效率学、生活美学、家居与时尚设计、可持续发展与环保、家庭教育、健身、科学饮食等诸多领域。遍布海内外的诸多读者和整理从业者们在这个平台上收获了许多治愈的灵感与生活的勇气。

当“整理术”的概念席卷而来，生活的每个角落似乎无一不变得妥帖有序，然而它的作用并不只如此。

“整理术”对于我们而言，不仅仅是解决问题的工具，也是呈现内心与生活真相的渠道。

我们的生活为何需要整理？因为没有人能够按照自己的预设脚本圆满地过完自己的一生，在各种现实因素的干扰下，生活总是会时常脱离轨道，价值观的排序会越来越混乱。这个时候停下来或者放慢速度，进行一番自我审视，认清现实，认清世界，重拾秩序，才能让自己继续更好地前行。

“整理术”是一种对生活、对世界、对自己的把控之术。小到如何叠一件衣服，大到思考跨越生与死的豁达哲学，都是“整理术”的内容。

“整理术”并不只是研究如何把东西弄得整齐划一，虽然那也很重要，它绝对不是强迫症或是洁癖患者的专属收纳学问。

也许你的生活井井有条，你却不一定快乐。

收纳妥当是对秩序感的重拾，是自我把控的第一步，但只停留在这第一步是危险的，因为它也可能渐渐成为故步自封的一个“安全外壳”。这个外壳看似安全，其实并不坚固，家里的东西可以按照顺序摆放，然而一旦打开门，外面的世界无序而杂乱，一瞬间，焦虑会再次击倒你。

2010年，行李箱被初生婴儿的物品塞满，我只好把全部的10件衣服都套在身上。坐在飞机上，急切想要逃离的我，试图逃离的正是这种如潮汐般周期涨落的焦虑。

从小，我就是个对美与秩序有着焦虑的小孩。然而当我渐渐长大后，“你是个不美的女孩”，如果别人这样告诉我，我会不服气地说：“等着瞧，我一定会找到美的秘密。”

我来到世界时尚之都巴黎，成为一名时尚记者，与世界顶级的设计师对谈，出席高级定制时装秀，品评珍贵的华服，欣赏美丽的面孔与身体……

对于美的秘密，我似乎已经了然于心。生活喧嚣而忙碌，我在制造美丽的童话里穿梭往返。衣橱里的衣服整齐排列，都是精心挑选，可以随时上“战场”的美丽“战衣”。收纳整齐的家，也像是我的“安全套子”。世界貌似秩序井然，周遭繁花似锦，要寻找的初心，却被湮没在童话的某一页中……

然而童话就是童话，睁开眼，现实并没有因为一件新裙子或者塞满衣橱的华服而改变。我似乎已经找到“美的终极秘密”，却依然无法阻止焦虑。

孩子的出生是个转机，我决定陪同身为语言学家的丈夫去东南亚采风。关上衣橱，锁上满是收藏品的家，从这个“安全套子”里走出来，顺便也给自己一段停下来静心思考的时间。我带着仅有的10件衣服，在几年间，辗转了多个国家。在亚热带，用仅有的几件衣服生活几年，其实并非我的本意，但无心插柳，却让“极限主义衣橱”挑战成为可能。在与一朵相识后，“第1整理术”成为我推广“简单美好衣橱”的一个重要平台。在那里，我结识了许许多多和我一样渴望寻找“美的秘密”的女子，她们对我说，感谢这个课程，她们不仅整理了衣橱，也治愈了自己的内心。然而我想说：感谢一朵，感谢你们，我才是真正被你们治愈的那个人。治愈一定是相互的，它存在于人与人、人与自然、身体与心灵之间。

亚热带生活为我带来的另一个转机是我第一次好好检视了自己的身体。年过四十，我开始学习跳舞，舞室的大镜子让身体的每一个部位都无处遁形。我从来不拍照对比，但每一天都会用眼睛记住身体的细微变化。这副皮囊，可能无论从哪个角度来说都不符合美学的标准，我真心承认了，但已经不在意，因为现在的我在牢牢地把握着它，身体可以带着我自由飞翔。

所以，如果你问我，现在我的衣橱里是真的只有10件衣服吗，我会告诉你，当然不是。数字一点也不重要，当我的心与我的身体开始和解，内心便不再焦虑。

一条新裙子与10件衣服，都只是一种隐喻。

衣服是我们的第一件身外之物，不可或缺，但数量多少并没有什么意义。

“整理术”中最重要的，并不是整理技巧和物品本身，而是在整理的过程中，发现自己生命中的光芒，找到生活的平衡之法。《日日滋养：365天爱自己的生活良方》这本书，润物无声般地将自我整理的理念贯穿于生活方式的每一处细节里，这并不是一本用眼睛阅读就已足够的书，它需要你用身体和心灵去感受。一点一滴地改变，像水滴汇成大海，你努力实践的每一个生活瞬间，构成了你澎湃的生命画像。

让自己活成一束光，照亮自己，同时照亮他人。

赵筱筠（Juliette Zhao）

驻巴黎资深时尚评论家

中国“胶囊衣橱女王”

推荐序
Foreword

时时刻刻都要有一颗爱自己的心

收到一朵关于新书作序的邀约，我毫不犹豫地答应了。后来她向我发来书名——《日日滋养：365 天爱自己的生活良方》，这个书名也正表达了我过去几年的一些感悟和想要达到的状态。

我和一朵都是因为整理而受益的人，我们结缘于整理。时值 2014 年到 2015 年之间，整理收纳的浪潮在国内兴起。我和一朵的缘分也是我们的青春时光中的滋养良方。当一个人的内在世界和外在空间均得到了滋养与改善之后，所焕发出来的生命能量是不可小觑的。被整理滋养的我们积极地投入到了传播整理的事业中。我研发并在自己的微信群开设系列训练营，国内整理行业早期的整理师大部分都在其中听课，我也由此得到了“中国整理界教母”

和“整理师导师”的美称。一朵是一个特别善于发现价值并放大价值的姑娘，她邀请我合作，共同打造了“第1整理术”的整理收纳基础课。

因为工作的关系，我们有数次线上线下的沟通与交流，慢慢地我们的沟通从工作延伸到了两人的职业发展以及生活方式等各方面。我发现一朵有一个闪光的地方：她非常关注我的生活状态，尤其是当我状态比较好的时候，她会特意来询问我使用了什么方法。每次当我诉说的时候，她会眼睛发光地将这些东西记录下来，然后非常热情地把她的滋养良方和生活实践推荐给我。我也观察到有那么一段时间，她被工作消耗得比较厉害，在精神疲惫、状态不好时，她会迅速地调整自己，使自己恢复内在精力充沛、外在靓丽的好状态。

当收到本书的部分手稿以后，回想起一朵靓丽有神的脸庞，我仿若看到了一只可爱的小松鼠，它在到处收集坚果，并且将它们通通搬回了自己的粮仓，打造了一个小仓库。在其中，我发现有些坚果正是在我们的交流过程当中她曾分享给我的滋养良方。

我想一朵在快速发展自己的事业时，始终没有放弃去探寻什么是滋养自己的更佳的方式。追求上进的女性，往往大多数时候能量都是往外掏的，我们有要做的事业，有太多要关心的人，在急不可耐地将能量向外掏的过程当中，却忘了回过头来滋养一下自己。我想一朵在搬运这些坚果时，也一定是在意方法而不流于方法的，最终摸索到了女性自爱的真谛：如果我们有一颗日日滋养自己的心，有一颗爱自己的心，回头看时，你会发现从空间到物品，从思维到心灵，从穿衣打扮到学习打拼，滋养自己的方法是随时随地可以去找寻的。当然，你也可以翻开此书，因为一朵早就已经把这条路走了个遍了。

敬子

规划整理塾（CALO）理事长

《了不起的居住者》作者

本书作者周一妍在上海的街拍照。

我想写一本书来探索现代女性如何爱自己。

在阅读本书前，我想问你一个问题：如果爱有十分，你愿意把几分留给自己？

如果你总是把很少的爱留给自己，总是希望别人来爱自己，或是把自己的爱分给别人，那一定会时常觉得辛苦吧？夜深人静的时候，你会发现找不到自己了，会发现不知如何对自己好，会不清楚如何取悦自己，那么，我觉得是时候学习爱自己的智慧了。

我一直觉得，爱自己，是可以通过学习掌握的能力。如果把它比喻成一个游戏，而我这些年则一直在找寻它的通关秘籍，它必须是简单的、有趣的、具有可操作性的。

5 年前，我创办了“第 1 整理术 Yi Organizer”公众号，它是一个帮人整理空间、整理内心的自媒体，我也因此结识了一群充满爱且能量丰盈的人，他们带给了我很多如何爱自己的灵感。

在这本书中，我把这些年自己实践的方法，以及从采访对象那里汲取的经验心得，一并拿出，与读者朋友分享。写书的目的，是希望阅读此书的有缘人，可以轻松整理出让自己心动的生活，做到为自己而活，活出生命的光泽感，而非依附他人而活，受制于他人的评价。

学习爱自己，不是一件自私的事。学会爱自己，才能滋生出更多的力量去关爱他人。如果你经常有自我否定的念头，虽然无法像开启水龙头那样，一秒钟扭转成自我欣赏，但是我用自己的亲身经历得出结论：惯性思维，是可以被打破的。哪怕你不喜欢自己已经很久了，你也会变得喜欢自己。

究竟如何才能更爱自己？我的答案是：一点一滴，每日浸润式地把爱施予自己。我把它称为“日日滋养”。我从空间、身体、心灵、精神世界和梦想 5 个维度，总结出爱自己的 34 个通关秘籍，再邀请熟知的生活达人朋友贡献出 6 个现身说法的金点子，结集成本书。

你可以把日日滋养当作你的一个轻松的修行。每翻一页，每实践一个方法，就能找到适合你自己的生活良方。随着滋养力的日益增长，你的内心会变得更加笃定，从而以淡定、从容、优雅的态度过一生。

祝愿你每天比前一天更爱自己。滋养自己，温暖他人。

周一妍

2020 年 6 月 10 日　于上海

目录
Contents

C h a p t

er.01

第一章

空间滋养

你的家，就是你灵魂的模样

01 断舍离

我的好朋友池田惠美老师喜欢小猪造型的各种玩具。

她说，在日本，猪代表“清洁”。她手中的玩具小猪曾陪伴我 9 年。

如今，我通过断舍离，为它找到了新主人。

让我学会空间滋养的第一位老师，是被誉为“日本整理教主”的近藤麻理惠。

她提出了一个简单到令人没脾气的整理法——心动整理。即按照衣服、书籍、纸质文件、日用杂物和相片、信件的顺序，分类找出相关物品，然后用心去感受每件物品是否能令自己怦然心动，最后只把让自己心动之物留下来。

在一场面对谷歌工程师的讲座中，近藤麻理惠这样描述心动的感觉：

第一，看着这件物品，问自己：它是否令你感觉愉快？

第二，它是否使你印象深刻？

如果你还是无从判断，那么用手把它拿起，体会身体接触它的感觉。

心动，是一种身体反应。当你感觉心跳加速，或心中涌起暖流，就说明你想要把它好好留下。

近藤麻理惠是一个十分讨人喜爱的女生，身材纤弱，总是笑脸迎人。凭借这一实用又有趣的整理方法，以及幽默诙谐的文字表达，她被美国《时代》杂志评选为“2015 年世界最有影响力的 100 人”之一。她的代表作《怦然心动的人生整理魔法》被翻译成至少 46 种文字，读者遍布全球。

正因近藤麻理惠，我开始接触日式整理。

我发现，日式整理的精髓是强调减法的智慧。它与发源于美国的极简生活方式有着相似的逻辑。极简主义者主张减少物品以发现更多。而日式整理，则倡导减少不必要的物欲，以减轻人生负担。

我自己最欣赏的减法生活大师，是日本杂物咨询管理师山下英子。

和近藤麻理惠强调整理方法不同，山下英子把减法智慧上升到一种生活态度，一种思考方式。

我在上海参加过 2 天由她亲自带领的断舍离训练营，是她在中国的首批学员之一。

其实，我与她的缘分，还不止于此。

2015 年，我受邀成为她的著作《断舍离》的北京读者见面会的主持人。

2019 年，经友人协助，我在私人场合对山下老师进行了 2 次面对面的访问。同年，我为她出版的中文书《山下英子的家》作序。

我在 2013 年第一次阅读《断舍离》一书。断舍离，是山下老师从瑜伽中悟出的智慧。

断，断绝不需要的东西。
舍，舍弃多余的物品。
离，脱离对物品的执念。

山下老师毕业于早稻田大学社会学系，她的论述偏于理论。幸好当时我还阅读了日本心理治疗专家、收纳整理顾问，亲自实践断舍离的川畑伸子老师的著作《断舍离：正能量翻倍的生活整理术》。这本书从心理学的视角出发，让我更深入地理解与实践断舍离这个概念。

山下英子把断舍离称为“一场没有终点的自我探索”。

第一步，是整理“看得见的物品”。

先把自我感觉不适合、不舒服和不需要的物品，清理出门。这一过程，好像为家宅做一次新陈代谢。一旦整个居家空间变得清爽干净，家宅自然就恢复了吐故纳新的能力。一个人的家宅，是主人内心的映射。扔掉多余之物，就好像舍弃多余的人生负担，留下欣喜的生活，内心会莫名快乐。

第二步，是重塑购物观。

在购买物品时，我会以山下老师在书中提到的“2个轴心”为判断标准。想象大脑里有一个坐标：横轴是人物轴，中间是自己，左右是他人；纵轴是时间轴，中间是当下，上下分别代表未来与过去。只有当一个人站在原点，回归“当下的自己”时，才能总览全局，做出不被干扰的准确判断。

每当我需要做出购物决策时，我会问自己2个问题：我是否真的需要它？是否当下需要？如果回答都是“是”，我才会果断买单。

第三步，是找到真正的自我。

借由反反复复地对物品进行取舍判断，变得自然、果敢，成为凡事自己拿主意、不再依附他人的人，从此真正为自己而活。

山下老师曾在一次采访结束后，送给我五字箴言：日日是魄力。

当我把这句话分享给“第1整理术 Yi Organizer”自媒体的读者时，有人问我：“为什么老师鼓励我们成为更有魄力的人，而非更有魅力的人？”

我的理解是：魄力是一种决断力，是可以通过习得断舍离而得到的能力；而魅力，则是一种优雅的状态，需要用日日滋养的方式，用一生去好好修炼。

在日本，山下老师自称是“杂物咨询管理师”，但我觉得，这是她自谦的说法。在我心中，她更像是一位“人生解忧大师”。每次访问她，我都会在提问中夹杂一些私人的困惑，往往能获得令人豁然开朗的解答。

2019 年春，我在苏州访问她。当日清早，我在公众号上发表文章《你所不知道的日本断舍离女王》。那篇文章回顾了 2015 年我与山下老师第一次见面的故事。文末收到不少网友的支持鼓励，只有一位网友的留言格外显眼，他写道：“每个字都是垃圾。”

看到这条留言时，我既好气又好笑：既然你觉得每个字都是垃圾，又何必看完？是什么动力让你写下点评呢？

采访时，我把读者的留言念给老师听，并请教她：“在近 10 年中，您在全球推广断舍离文化，是否也会遇到不理解的声音呢？您如何应对它？”

山下老师回答：“当然会有不开心，但是完全没有必要和这些人计较。”

她微笑着向我传授了“人生阶梯理论”。

“拿爬楼比喻。你爬到了 15 楼。你和 3 楼的人，已经没有任何接触了。每个人的意识形态均不同，而这个读者的意识形态，适合 3 楼的人的意识形态，所以他可能和 2 楼、4 楼的人走得比较近。但是，你在 15 楼，你可以和 15 楼、18 楼、20 楼的人相处，这样就已足够。至于 3 楼、4 楼的人，他或许有一天会爬到 15 楼，但也可能永远停滞在 3 楼。我们要向比自己的意识形态更高的人看齐。”

仔细品味这段话时，我突然领悟到了断舍离的真谛：它是一门“生命能量分配的艺术”。你决定把能量分配到什么地方，你就会成为什么样的人。

我很期待与山下老师的下一次对谈。在人生中可以邂逅愿意帮助自己、解答一些人生困惑的导师，是一件值得庆幸的事！

小贴士：用断舍离滋养自己的 4 个步骤

1. 扔掉不适合、不舒服、不需要的物品。

2. 只买当下自己需要的物品。每次购物时反复衡量“我是否需要”“当下是否需要”。不再把“我对它好心动”“我对它一见钟情”作为购物的理由。

3. 相信自己值得拥有更好的东西。舍弃快时尚品牌，购买经济能力范围内最好的。

4. 不再依附他人而活。不奢望改变别人。断舍离从自己开始。相信在你身上发生的气质和思维蜕变将影响更多人，包括你的家人。

给你滋养力的名言短句：

欲望，越满足越空虚，反而在遗憾中，可以看到深情。

——蒋勋《蒋勋说红楼》

对别人不要有太大的期望，要尽量享受你拥有的，这就是规则。

——［意］埃莱娜·费兰特

要尽可能地减少你在这个世界上非做不可的事情，我们都是凡夫俗子，到头来白白受苦。

——［英］弗吉尼亚·伍尔芙《普通读者》

02 用“一进一出”原则管理物品

亲戚送给了我 2 只古董装饰盘，我没有把它们挂在墙上，而是作为首饰收纳盘，一旦装满戒指、手镯，就会定期出清。装饰盘后面的亚克力收纳盒，用来收纳耳钉、耳环，同样采用“一进一出”的管理方式。

一进一出，不仅可以维持周遭物品数量的平衡，也有助于审视你的物欲。

我是从 2 位日本极简主义者身上学到这一点的。

2016 年秋天，我在决定全职做自媒体人前，去了一趟日本东京。当时，我联系了 2 位日本有名的极简主义者——《我决定简单地生活》的作者佐佐木典士和《极小限》的作者沼畑直树。两人在 2014 年创立了日本最大的极简主义网站 minimalism.jp。

我最早是从路透社拍摄的一组《日本人的极简主义生活》照片中了解了他们的故事的。

佐佐木典士是一位出版社编辑，他通过实践极简主义，从一位不擅长社交的宅男，成为一位在全日本做巡回演讲的畅销书作家和日本极简生活的代言人；沼畑直树是一位摄影师，他把英文“minimalism”翻译成日文“最小限”，可以说，他是日本极简主义第一人。

令我惊喜的是，这 2 位与我素未谋面的日本人，都欣然同意让我参观他们的家，从而展现他们正在践行的理想生活。

以下 2 条是他们对“极简”的定义：

1. 把个人物品数量减到最低。

2. 为了更重要的物品，减少其他物品数量，贯彻这种思想的人就是“极简主义者”。

沼畑直树女儿的玩具收纳篮，采用“一进一出”的物品管理原则，一旦篮子满了，在放入一个新玩具前，就要拿出一个旧玩具来腾出空间。
2016 年 10 月作者拍摄于沼畑直树的家中。

在沼畑直树家，我拍摄到一只可爱的藤编篮，里头摆满了各式各样的儿童玩具，包括布娃娃、小汽车等。他说，这是两岁半女儿的玩具收纳篮。他要求女儿把所有玩具都收纳于此，自主管理。女儿可以得到她想要的一切玩具，前提是必须能放进这只篮子。一旦篮子装满，就必须割舍“旧爱”，腾出空间，迎接“新欢”。

沼畑直树告诉我，从小培养孩子“一进一出”的思维，可以帮助他更加珍惜当下拥有的物品。对于成人，亦是如此。欲望，是一个无底洞。当一个人可以很轻易地得到他向往的东西时，他就会发现，原来还有更多东西等待他去追逐，他会永不满足。

而在佐佐木典士家，我发现他用“物品数量限定法”，避免自己坠入欲望的陷阱。

他的衣柜里，一共只有十来个衣架。所有衣服，都控制在黑白灰三色，令人联想到乔布斯和马克·扎克伯格的制服衣橱。他说，一年四季的衣服，控制在十几件，既节省金钱，又节约上班时挑选衣服的时间，有助于塑造相对固定的穿衣风格，符合极简主义者的生活态度。

2014 年之前，佐佐木典士还是一位不折不扣的书籍囤积者。他毕业于早稻田大学教育系，毕业后进入出版行业工作。囤积大量书籍，本是工作所需。2016 年，当我踏入他位于东京郊区的一间 20 平方米小公寓时，我惊讶地发现，居然一本书都没有。他早已改用手机阅读，实践“无纸化生活”。

采访中，他告诉我，10 年前做这件事，非常困难。如今科技发达，大部分书籍都出了电子版。在他处理掉的书里，的确有珍贵的绝版书。一旦有需要，他可以去日本亚马逊的“中古书籍”专区购买。另外，日本图书馆资源也很丰富，想看可以随时借阅。

开始实践极简主义之后，佐佐木典士的性格有了 180 度的转变。他从一个内向的人，变成了一个热衷于参与社交活动的人。他常去健身、野外郊游，朋友增多了，还顺利减肥 10 公斤，从一个略显油腻的中年大叔，变身为清爽型男。

在与他的交流中，我学到一些极简主义者的思考方式。

比如，把超市当作你家的仓库，把整个城市当作你的居家空间。佐佐木典士鼓励大家走出去，扩大“居家空间”。比如，找到你喜欢的咖啡馆，在那里坐一个下午，舒舒服服地读书或打开电脑工作。如果为了办一年一次的派对，准备多余物品，占据家里的闲置空间，就太不值得了，不如和朋友说：“想办派对？我知道一家店，便宜又好吃，我们一起去吃吧。如果到时候觉得不过瘾，再来我家继续吧。”

我在美国极简主义者创办的 The Minimalists 博客里，学到另一种实用的减物方法——“20/20 法则”。如果你可以在 20 分钟内，用少于 20 美元买到这件物品，就不用先把它买回家。我对这个法则进行了本土化：离开家门步行 20 分钟，可以花 20 元人民币买到的商品，就尽量不在家中囤积。经用“20/20 法则”思考，对家中物品做取舍判断，就可以找到那些真正实用的生活必需品。

这些年，我的身边出现了越来越多实践极简生活方式的朋友。与他们聊天时，我发现了他们的共同特点：把物品的数量控制得刚刚好。

相比购物的结果，实践极简主义的人士更在意体验。他们认为，如无必要，勿添加实物。

对于我们这样的普通人来说，如果既想享受购物乐趣，又不想被物质牵绊，那就用“一进一出”的思维来帮自己吧。

小贴士：最需要实践“一进一出”原则的 5 类物品

如果你想要实践“一进一出”，建议尽快动手。从今天开始的每一次购物，就开始有意地为自己的旧物找“出口”。逐渐地，“一进一出”的思维就会深入你的内心。

第一，从衣服开始。

第二，化妆品。

第三，厨房的餐具和锅具。

第四，冰箱里的备用食材。

第五，其他容易被囤积的杂物，比如家庭备用卷纸等。

如今网络回收旧物市场欣欣向荣，不妨将你不需要的物品放在网络的旧物回收平台上，你的无用之物或许能产生新价值。那种不用扔，并加以妥善处理的痛快感觉，有时比打折时买到好货的欢喜还强烈。

给你滋养力的名言短句：

莫因渴望你没有的而错过你已拥有的；要知道，你现在拥有的，也曾是你渴望的。

——古希腊哲学家伊壁鸠鲁

少即是未来（Less is future）。

——［日］沼畑直树

减少物品，你将看见更多。

——［日］佐佐木典士

03

为自己布置一个“小确幸”角落

不足半平方米的书柜台面，构成了我的一处“小确幸”角落。上面摆放的每一件物品，都会带给我开心的感觉。

我一直相信，家是一个人的能量场。

想让小家充满能量，却感觉无从下手，从布置一个令你安心的小角落开始吧。

它可能是地毯上的一张柔软的懒人沙发，身心疲倦时，可以把整个身子蜷在里面，好像回到妈妈的子宫里；它可能是沙发旁一张造型简洁的小边几，上面摆放你爱读的杂志、书籍，以及一盆植物；它可能是你的厨房一隅，阳光透过窗户洒进来，窗台边的薄荷叶和迷迭香散发出淡雅芳香……

如果你想要一个彰显个性的小角落，那就需要精心挑选每一件装饰它的物品。当你和每一件物品都建立了千丝万缕的联系时，置身于这个角落，就仿佛在和过去的自己对话。

我第一次发现令我心醉的“小确幸”角落，是在一对年过七旬的德国夫妇家。

2012 年，我受邀成为德国罗伯特·博世基金会的“中德媒体使者”，前往德国汉堡大学国际媒体中心学习。当时，我住在汉堡市中心阿尔斯特湖畔的一栋湖景房内。房东是一对充满活力又酷爱旅行的老夫妇。他们已携手走过非洲的撒哈拉大沙漠，珍·古道尔研究大猩猩的地方——冈比，以及中国新疆的塔克拉玛干沙漠等多地。房东奶奶告诉我："70 多岁时，腿脚方便，所以携手走世界。等到 80 岁，再安心地在欧洲洲内旅游。"房东家客厅的一面白墙上，展示着 10 多个形状各异、材质不一的人偶玩具，多是插着翅膀的小天使。房东奶奶欣喜地介绍说："你瞧，这个来自坦桑尼亚，这个来自塞浦路斯，这个是汉堡本地的……"

德国房东奶奶家的小天使墙，藏着她眼中的人间喜乐，代表着她和房东爷爷携手走过的每一步。

我爱极了这面布满不同形态的小天使的墙壁。在我眼中，这面墙已经不是家居装饰墙那么简单。它让我看见“老了以后，爱情最美的样子”。它让我想到了耶路撒冷的哭墙。对于信徒来说，哭墙充满着神圣的力量。而这面墙于我而言，仿佛有一种魔力，无声地诉说着人间美好。

我曾无数次在大脑里构建我家的“小确幸”角落。我向往住在一个比现在更宽敞的房子里，把一整面墙打造成开放式书柜，布置上灯条，让柜体显得更有层次，也更方便书籍检索和饰品展示。我今年的一个心愿，就是在 2020 年下半年住进这样的房子里。

目前，我暂住在一个出租屋内。这里有一个占地不足半平方米的宜家比利半柜。我在柜体台面上，摆满我心爱的物品。这方寸之地，就成了我的“小确幸”角落。

一只美人雕塑盘是花费 18 美元，从美国加州周末市集上淘回来的，它使用的是一种名叫雪花石膏（alabaster）的材料，手感十分扎实。盘子的出产年份是 1985 年。盘中女神的名字叫作“埃拉托（Erato）”，她是古希腊神话中的人物，掌管爱情诗与独唱。我用一个黄铜支架，把直径约 22 厘米的盘子撑起，如果放正了，会看到一个长发飘逸的女神坐在地上，用轻薄的白纱裹住腰臀部，浑身上下散发出令人安心的气质。

写作时，每当大脑疲累，我就会情不自禁地望向我的“缪斯女神”，幻想自己置身于伦敦大英博物馆的帕提侬神庙展区，欣赏令人目不暇接的浮雕。

我的“缪斯女神”旁边是2只装着蜡烛的玻璃杯。一旦点燃蜡烛，玻璃杯上的星星图案就会倒映在台面上，瞬间营造静谧氛围，十分适合冥想放松。

小刺猬蛋托上面是好朋友庄子送给我的蛋雕礼物。她是“第1整埋术 Yi Organizer”公众号的读者。有一天，她得知公众号终于成功注册下“Yi Organizer”的商标，兴奋极了，于是亲手制作了这个全世界独一无二的礼物送给我。

墙面上的艺术画，是作家肖小困送给我的礼物，画面上是芬兰汉科半岛上最高的灯塔本茨卡尔灯塔（Bengtskar Light）。这幅画对于我来说，就好像珍·古道尔身边那只名叫“希望（Hope）”的猴子，象征着“未来与希望”。

墙上的装饰，不是一成不变的。有时候，我会挂上自己临摹的作品，如奈良美智的《怪女孩》《我的爱狗小欢》等。每次挂不同画作时，我都会选择与画面颜色呼应的瓶插植物，赋予这个角落小森林般的生机感。

去年，我在阅读村上春树的住宅设计师——中村好文的代表作《住宅读本》时，发现他也是“小确幸”角落的支持者。

他在书中写道：“在家里，如果能够拥有属于自己的独立的、舒适的、可以长时间休闲的地方，或是能够找出那样的地方，享受居住的欢愉，是一件极为重要的事。”

中村好文把这样的空间叫作“居心地”。

无论此时的你是生活在出租屋内还是自己的房子中，祝愿大家都能找到这样的“居心地”。爱自己，从打造自己的一个“小确幸”角落开始。

小贴士：“小确幸”角落的选择与布置

1.“小确幸”角落不在乎大小，无须是一整个独立的空间。你完全可以和我一样，从半平方米的台面开始布置。

2. 花几分钟时间，尝试在所有的居家空间中来回踱步，感知哪个空间令你感觉能量满满。选择在此处进行布置和装饰。

3. 花是最好的装饰品。你还可以选择搭配令你心动的烛台、烛杯、花器。

4.“小确幸”角落的摆设可以常换常新。友人赠送的礼品、旅行相片、自己或孩子的手绘画作等，一切给你带来快乐的小物件，都可以为“小确幸”角落加分。

5. 注意“小确幸”角落的色调和谐统一。

给你滋养力的名言短句：

家屋为人抵御天上的风暴和人生的风暴。它既是身体，又是灵魂，是人类所有的最初世界。

家屋庇护着白日梦，家屋保护着做梦者。

我们的家屋，就是我们的人世一隅。许多人都说过，家屋就是我们的第一个宇宙，而且完全符合宇宙这个词的各种意义。

——［法］加斯东·巴什拉《空间诗学》

04
居室有香气

我喜欢住在有香气的房子里，因为好气味，预示着好心情。

“早上七八点，金黄的阳光顺着阳台溜进了屋子，起身点上沉香，放进瓷质的香炉里，任由袅袅青烟在阳光肆意的拥抱里打着转，渐渐升腾。有时，慧雯什么事也不做，只一个人静静地发呆，她喜欢看着青烟在空气中画出漂亮的舞步，定睛之间，心绪也安静了下来。此时，泡一壶清茶相伴，并不显得矫揉造作，一切都是再自然不过的事儿。”

以上文字出自我的一位记者朋友冷梅专访慧雯的特写故事。当时，负责生活时尚报道的冷记者问我：“你认不认识喜欢点香、品茶、抄经的人？”我看一眼办公室邻桌，瞧，右手边就有一位！

在《外滩画报》工作时，我和慧雯比邻而坐。那时的我就热衷于断舍离，追求简洁与高效，把桌面清理到几乎空无一物；而邻桌慧雯则是十足的“装备控”，她信奉无论是工作还是生活，都需要一些仪式感。

有时候，正在工作的我会闻见悠悠香气，忍不住探过头去，望向泛着幽蓝光晕的烟，发一小会儿呆。受她影响，我也开始燃香悦己。慧雯推荐我先把玩“线香”。她说：“烟有了，香气到了，就够了。”

我着手为自己添置一套无印良品（MUJI）香炉，搭配无印良品玫瑰味的家用香，香味肆意散发，烟波曼舞。温柔的气氛在空气中晕开，一切皆完满。

无奈无印良品家用香产自日本，价格不菲，日用的话，耗费太快。每支香仅能使用 20 分钟，短时间的“重口味”，无法换来一整天的持久留香。

经过这些年的琢磨，我发现了一些制造持久淡雅香气的方法。

对于体质不那么敏感的人来说，香熏蜡烛是不错的选择。小小一罐，可以持续燃烧几十个小时。做家务和休息时，选择清新淡雅的果香、花香；安静的阅读时光或睡前冥想，选择低沉舒缓的木质调香气，或闻起来温和内敛的琥珀、皮革调香气。“甜品控”可以选择美食香调的香熏蜡烛，我自己喜欢被咸焦糖、蜂蜜和香草奶油南瓜派的浓郁香气包围的感觉。它们甚至可以刺激嗜甜者的味蕾，使人产生饱腹感。

相比香熏蜡烛浸润式地释放香味，家用香水则能令人瞬间提神。

我比较爱的一款家用香水——戴尔博（Acqua dell' Elba）“离岛”女士香水，是我在意大利托斯卡纳中世纪小镇锡耶纳的橱窗里一眼相中的。它的颜色是好看的蒂凡尼蓝；味道会让人联想到海洋，喷一下会感觉阵阵海风扑面而来，却没有海水的咸腥气。

我第一次闻到它的香气，就决定买下它。既然带不走托斯卡纳的艳阳、红酒和美食，那就带走托斯卡纳的味道。我喜欢用它滋润我的衣橱，穿上带有香味的连衣裙，感觉自己正在意大利厄尔巴岛旁的海洋里畅快游泳。

我曾向身心治疗师许鹏请教：居住在有香气的房间里，心情会快乐的原因是什么？

他回答，比起引人注意的听觉和视觉，嗅觉是所有动物最先进化出来的感觉。嗅觉和人类进化当中的古老记忆直接相连。好的味道，对我们而言，等于好的环境。

鲜花的香味、水果的香味、饭菜的香味，虽然看不见、听不见，但一旦闻到，就会让人产生丰富的联想，激发身体的感知力。这就是气味的神奇之处。

当你选择让香味充满整个房间时，就等于很直接地告诉你的身体：我正处在一个安全又温暖的环境中，在这里，我可以全然放松，无须紧张和戒备。

美国生物人类学家海伦·费舍尔博士在《我们为何结婚，又为何不忠？》一书中写道："每个人身上的气味都略有不同，我们每个人都有属于自己的'气味印迹'，同我们的嗓音、双手与才智一样，独一无二。"

我想，如果让自己的房间充满香气，为体内的"气味印迹"加持，或许更有助于邂逅爱情吧！

小贴士：让香气充盈小家的秘密

1. 自然的香味

水果自带的芳香，自然又清新，拥有也十分简单：你只需要买一只漂亮的水果盘，把柑橘、杧果、佛手柑等气味好闻的水果放置其中。无论是把果盘直接放在餐桌上，还是放在厨房或是其他柜体台面上，都是有味道的家居装饰。

2. 巧妙的香味

我在《山下英子的家》一书里学到这招：在卫生间的卷纸纸芯上，洒上几滴沁人心脾的香薰精油，在抽卷纸时，纸芯转动，便会带出淡淡的香味。我想，如果客人借用你家卫生间，定会惊讶香味的来源。

3. 有童年回忆的香味

直到今天，我依旧喜欢六神花露水的味道。夏日擦凉席，在毛巾上滴几滴六神花露水，席子顿时有了清凉感。小时候，我会把两三滴六神花露水倒在纸巾上，轻拭台灯灯泡。灯光产生的热量带出花露水的味道，提神醒脑。

给你滋养力的名言短句：

洗头，化妆，穿上浸满香气的衣裳，

即使在没人看见的地方，心中也十分快活。

——［日］清少纳言《枕草子》

05 改善玄关

理想的玄关是能看见绿植和装饰品的，是主人精心修饰过的视觉享受之地。
图片由摄影师路远拍摄于日本整理收纳咨询师池田惠美老师的家。

“第 1 整理术 Yi Organizer”自媒体创办 4 年之后，陆续有国内地产开发商找到我们，希望可以提供一些用户居住需求的大数据调查，以便未来在打造住宅精装样板间时，可以采纳更多人性化的收纳设计。

在我们推出的“2020 年都市人口收纳满意度调查”和“2020 年都市人口收纳习惯调查”这 2 份问卷里，我们发现，玄关被 2000 多位参与调查的网友评选为“想要改善的居住空间第一位”。

根据 2017 年日本专门家检定协会收纳专家的统计，一个人的日常居家用品，平均是 1000—1500 件。玄关收纳的物品种类虽不算多，但这里却是决定一个家是否整洁的关键场所。

知名的“蝴蝶效应”认为：一只南美亚马孙河流域热带雨林中的蝴蝶，偶尔扇动几下翅膀，就可以在 2 周以后引起美国得克萨斯州的一场龙卷风。如果把这个理论运用到居家空间的整理上，玄关就是起点。

这些年，我曾以收纳需求研究者的身份，拜访过不少读者的家。我经常会听到房间的主人说“公寓空间狭窄，毫无办法”“玄关反正要脏，收拾有什么用”等，最后就任由房间脏乱差下去了。

为了让读者理解玄关收纳的重要性，我常会引用日本禅师枡野俊明说过的一段话：“生活的破绽，始自小事。脱下鞋子摆齐，这个事情，在任何地方都不可轻视。鞋子乱，心则乱。”

为了让玄关变得整齐，首先要学会“照顾脚下”。

和你的家人做一个约定吧。每天回家时，每个人至多留 1 双外出鞋在玄关处通风，其他鞋子全部放入鞋柜。一旦养成这个习惯，就可让玄关长期保持整洁。

2020 年，新型冠状病毒肺炎疫情在全球暴发，抗疫关键期，我养成了每次回家后用酒精棉片擦拭鞋底的习惯。我发现自己从没有如此认真地照顾过鞋子。擦拭灰尘的同时，好像也可以把心中的阴影一扫而光。

玄关是家留给人们的第一印象。我的好朋友池田惠美曾跟我讲过一个故事。她有一位西班牙好友，前几年移居日本。相比之前，居家空间缩小了不少，每天下班回家，他都需要先做 3 次深呼吸，再开门。原因是他不想直面凌乱不堪的玄关，他还没有做好心理准备。

在心理学上，有一个术语叫“首因效应”，指的是人们第一次与某物或某人接触时留下的深刻印象。这个印象会在脑中占据主导地位，比以后接触中留下的印象更深刻，持续时间更久。

如果玄关干干净净，主人也会强化“需要保持来之不易的整洁”的思想，反之则相反。

想一想以下问题，检查一下你的玄关收纳是否合理：

秋冬天的大衣，脱放在哪里？

男士公文包、女士手提包搁放在哪里？

钥匙四处为家，还是有固定居所？

帽子、围巾、墨镜等个性化饰物，能否及时找到安身之所？

……

请再回想一下你出门时候的动作，回答以下问题：

玄关处有没有照镜子的地方？

雨伞是否放置在玄关处？

孩子的户外玩具、宠物的外出用具等，拿取方便吗？

……

最人性化的玄关，是让主人可以自然流畅地完成进门和出门的一系列动作的玄关。如果玄关收纳空间有限，请把没有必要在玄关出现的物品统统收起来，只留下当下需要的。

如果你的玄关拥有一个平整的台面，建议摆放一个托盘，用来收纳钥匙、卡包等出门前需要随身携带的小物件。

如果空间有余，布置一些小绿植和装饰品。记得限定台面物品的数量，尽量不把杂物随手放在上面，更不要把玄关变成一个“快递收容所”。玄关整洁则家整洁。

小贴士：整洁的玄关串联着家与内心

整理收纳咨询师池田惠美老师的家是学员们赞不绝口的收纳样板间。在撰写本书时，我获得池田惠美老师的同意，拍摄了她家的玄关与厨房的细节，希望给读者提供一些日式的收纳灵感。

玄关收纳柜

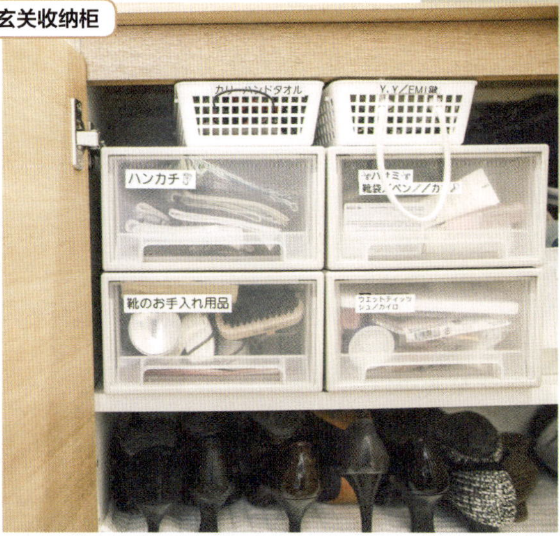

想一想，你出门前需要携带哪些常用品呢？池田惠美老师把钥匙、手帕、护手霜、暖宝宝、防疫用品等用统一的透明收纳抽屉分类收纳，出门前拿取非常方便。鞋子的护理工具，也收纳于此。

穿衣镜

玄关处摆放一面穿衣镜，方便出门前整理仪容。镜子与墙壁之间的空隙可以做一个小“机关”，用来收纳宠物狗外出散步需要用到的牵引绳。如果你家没有宠物，可以试着把去超市采购时需要使用的环保袋等叠放整齐后收纳在此。

穿鞋凳

如果家中有腿脚不便的老人，建议在玄关处放置一把穿鞋凳。你也可以像池田老师一样，选择可以放进柜体内部的穿鞋凳来节省空间。

穿鞋凳内部

穿鞋凳的“肚子”里，可以收纳不常用的客用拖鞋，一点也不浪费空间。

雨伞收纳架

门背后设置雨伞收纳架。底部带水槽的设计，可以防止雨水滴落在地面上。

拖鞋架

家庭成员每天要穿的拖鞋，直接放在外部展示收纳。池田老师用一个超大尺寸的咖啡杯，像插花一样把自己和先生的拖鞋插在里面，既实用，又为生活增添了情趣。

给你滋养力的名言短句：

我喜欢一回家，就把乱糟糟的心情都忘掉。

——歌曲《相亲相爱一家人》

06 向丹麦人学习居家幸福术

"hygge"（挪威语，指幸福的感觉）的精髓，是学会在日常生活中宠爱自己、关爱家人。

2017年，我曾在公众号发表了一篇名为《丹麦人的幸福整理术，真的应该学一学！》的文章。没过几天，这篇文章引起了丹麦驻华大使馆的注意，大使馆将其全文转载至官方微信公众号。

文章的内容，是我阅读丹麦哥本哈根幸福研究所首席执行官迈克·维金（Meik Wiking）的代表作《丹麦人为什么幸福》的心得。

丹麦，6个月昼短夜长，一个连狗都可能抑郁的国度，为何能荣获2016年世界幸福报告第一名、2015年世界经合组织美好生活指数第一名？

答案就是一个词：hygge。

很难找到一个中文的对应词，来表达hygge。迈克·维金认为，hygge可以被赋予很多概念和定义，比如“制造亲密的艺术”“灵魂深处的舒适”“烦恼尽消”“享受当下一切让人欣慰的愉悦”“温暖的相聚”等。

我在网络上看到一张介绍hygge的图片，里面罗列了10个关键词，搭配了一些可爱的手绘图。我把那张图存在手机中，时不时拿出来体会欣赏。

以下是我对 hygge 的 10 个关键词的理解：

1. 氛围（set the mood）：

用光点亮心情。

2. 静心（be calm）：

关掉手机，回归现实。

3. 宠爱自己（treat yourself）：

巧克力并非罪恶食品。

4. 分享（share）：

多用“我们”来思考，而不是只考虑自己。

5. 感恩（be grateful）：

经常对家人表示感谢。

6. 不吹嘘（don’t brag）：

家人之间无须比较，不必争高低输赢。

7. 舒服（get comfy）：

找到让自己放松的方法。

8. 真实（ditch drama）：

言行如一。语言表达与内心想法保持一致。

9. 建立关系（build relationship）：

整理家，也是在整理亲密关系。

10. 创造安全感（create a safe space）：

让家成为平和与安全的地方。

究竟如何才能做到上述 10 条，整理出家的幸福感？我从《丹麦人为什么幸福》一书里总结出 4 条法则，供你参考。

丹麦人的居家幸福术之一：要有光！

如果你想要 hygge，一定要在家里常备蜡烛。丹麦人十分擅长使用蜡烛。在丹麦语中，有一个词，叫作 lyseslukker，意思是“扫兴的人”。它的字面意思是“吹灭蜡烛的人”。色温越低的光源，越令人感觉稳重、温和、安静。蜡烛的色温约是 1800 开尔文，家用白炽灯的色温一般是 3000 开尔文，都适合营造 hygge 氛围。

在研究装修设计美学时，我发现越来越多的家庭开始选择客厅“无主灯设计”。取消主灯这个单一光源，采用天花板射灯、沙发旁的落地灯、电视柜上的台灯等组合，会让客厅灯光变得富有层次感，视觉感受更丰富。

丹麦设计师设计的灯具，尽可能规避直射光源，多采用更加柔和与均匀的漫反射光源。其中比较有代表性的，是丹麦设计师保尔·汉宁森设计的 PH5 灯和维尔纳·潘顿设计的潘纳尔 VP 球形灯。它们虽然价格不菲，但是摆在家里，就是一件百看不厌、历久弥新的艺术品。数十载之后，你还可以把它传给下一代。

丹麦人的居家幸福术之二：在一起！

丹麦人的 hygge 生活，非常强调“家的归属感”。家庭成员之间彼此陪伴，温柔的爱抚，或是一个吻，都可能让身体分泌出“爱的激素”。

如果你想要过 hygge 生活，请每日限定使用手机的时长。

回想你的一天：醒来第一件事就是摸手机，手机不在就心烦意乱，手机没电就会紧张，走路时、做饭时、吃饭时都在玩手机，上床睡觉前还要玩手机……如果以上几点你全中，那么你可能患上了手机依赖症。你的生活，一点也不 hygge。

告诉你一个治愈的好方法：经常邀请你的朋友来家里做客吧。这样一来，你就必须把公共空间收拾得干干净净。有人来访，饮茶畅聊，你会发现：生活中还有那么多有意思的事情，沉浸在虚拟世界，终日做个低头族，实在不值得。

丹麦人的居家幸福术之三：好吃好喝！

我曾经觉得，吃高热量食物，是一种罪恶。

但当我得知 hygge 鼓励人们用食物犒赏自己后，我发现，其实没有必要对自己太过苛刻。

丹麦人认为，咖啡和热巧克力很 hygge，至于胡萝卜，就不那么 hygge。在我看来，虽然大吃大喝无益于身体健康，但是适度吃一些令自己当下开心的食物也未尝不可，不需要将它们统统拒之门外。

你只需掌握好热量的等量输入输出，保持进出平衡，就不用担心身材走形。

丹麦人的居家幸福术之四：设计好房子！

丹麦人真的很喜欢设计，走进丹麦人的家，就像打开一本室内装修杂志。

如果你也想要打造一个北欧风的“hygge 大本营”，这些元素可能会帮到你。

1. 一个 hygge 角落

你可以参考本书中的《为自己布置一个“小确幸”角落》一文。丹麦人把 hygge 角落称作“舒适区”，是一个让自己舒服、自在、闲适地独处的地方。

2. 木质玩具

在宜家、HAY、曲美家居等北欧和中国家居品牌的展区里，我常会看见木质玩具的身影。它们已不再只是孩子的玩具，而是一种家居摆件。当你邀请一只凯·波约森（Kay Bojesen）的木头小猴子爬上你家柜子时，那个空间就会一下子变得生动有趣。

3. 丹麦椅

蛋椅、天鹅椅、蚂蚁椅、7 号椅、美人椅……丹麦人家的“四条腿”，有着说不完的故事。丹麦椅和丹麦灯具一样，都是抵御时间侵袭的美好之物。

现在就开始行动吧，希望你可以拥有专属于自己的 hygge！

小贴士：让家装舒服又有品位的小方法

1. 断舍离掉家中不需要、不适合、不舒服的物品。

2. 用“二八原则”挑选装饰物，即八分隐藏，两分展示。展示出来的物品，可以是百看不厌的装饰摆件，也可以是富有生活印记的暖心小物。

3. 选择线条简洁柔和的家具，无须太多细节。

4. 选择现代与传统元素结合的家具，丰富家的层次感。

5. 在日常家具里，挑选一两件黑色小家具，比如边桌、烛台等来摆放，会提升整个家的质感。

6. 添加自然元素。绿色植物与其他富含自然元素的家具，给人放松感。

7. 选择一幅或多幅装饰艺术画，数量取决于空间的大小。

8. 在家中装饰画里提取一两种关键色，在抱枕、窗帘和其他家居饰物的颜色选择上，保持与关键色和谐统一。

07 做个“细节控”

自从创办自媒体之后，我发现整理高手，多是“细节控”。我希望研究日常生活中那些令人怦然心动的小细节，改变粗枝大叶的个性，变得细腻温柔，更富有生活洞察力。

陶渊明《读〈山海经〉》里面有两句诗："众鸟欣有托，吾亦爱吾庐。"

究竟如何才能让自己爱上自己的居所呢？

我从许多给我公众号投稿的生活达人身上获得了启发。

我发现：原来整理高手，多是"细节控"。

分享日常生活中令我怦然心动的8个小细节，希望它们也能打动你。

1. 注意留白

现在很多新建的住宅，都设计了相对充裕的收纳空间，玄关柜、厨房橱柜、衣柜，都做了充分考虑。但是往往主人入住后没多久，柜体就被全部塞满，甚至是超负荷，一旦打开，随时可能"山崩地裂"。

如果主人拥有留白的意识，这个问题就可迎刃而解。

断舍离鼻祖山下英子提出的应对方案是，利用"七五一总量限制原则"，打造充裕空间：

看不见的收纳空间，只能放七成；

看得见的收纳空间，比如碗柜、餐具架，放五成；

装饰性的，给别人看的收纳空间，只能放一成。

这个原则和我们之前所说的“一进一出”的原理一样。只要限制了物品的总数，扫、擦、刷的工作就变得轻松和快乐。不妨试试看！

2. 与白色、米色、纯木色做朋友

中国人更喜欢具有温度感的家。但是，暖是相对的，是点缀，对于小户型来说，大面积留白，还是很重要的。

畅销书《我决定简单地生活》作者佐佐木典士的家中，所有东西都是白色、米色、灰色和原木色等看起来让人觉得非常舒服的颜色。他说：“这些颜色可以互补，对视觉的刺激度较低，不仅在视觉上让家变得清爽，还能长久使用。如果采用荧光色，不仅看起来碍眼，还令人无法静心。”

2016年秋，我曾亲自拜访过极简主义者佐佐木典士20平方米的家，那里看起来十分宽敞，自由的思想可以无拘无束地飘散到家的每个角落。

3. 多用暖光源

抬头看看你家灯光的颜色，是给你清爽冷静感，还是温暖柔和

感？如果你想要让小家更有层次感，不妨采用暖光源照明。另外，利用灯光的反射照明，形成间接光源，会让空间显得温馨又高级。

4. 做个好“色”之徒

这条并非推翻第二条的说法。《黄帝内经》记载：“色味当五藏：白当肺，辛；赤当心，苦；青当肝，酸；黄当脾，甘；黑当肾，咸。”色彩是生命能量的体现。作为色彩入门者，不用像艺术家一样，把家搞得五颜六色。选择一两种你喜欢的颜色，加入白色的空间中，就可以让小空间变得生动而富有层次。

5. 拒绝单一的“无印良品风”

现在很多年轻人都会在装修时，会要求“装成无印良品那样的”。有意思的是，我看过无印良品艺术总监原研哉的一篇采访。他坦言在他的生活里，“用得上的无印良品的东西，也就只有 T 恤和垃圾桶吧，顶多偶尔还会买毛巾和裤子”。

原研哉认为，如果全用无印良品的产品，生活会过于单调。无印良品自己并不是一种风格，而是一些试图和任何风格都能够搭配，能够融入任何氛围的生活中的产品。

我是这样理解原研哉的观点的：如果你想要让空间显示出高品

质和更加强烈的个性特征，就需要更努力一些，寻找内心真正喜欢的家具，然后利用无印良品的东西填补空白。这样的话，你就成了自己的空间设计师，而非把无印良品样板间搬回家的人。

6. 节日性的家居布置

一个家的软装陈设，可以随季节的变化做出调整与改变。“第1整理术 Yi Organizer”的一位人气作者、亲子整理师罗宾（Robin）不会错过任何节庆以调整家居布置，包括中国的二十四节气。她在一篇文章里道出原因：“节庆对于我们来说，具有见证时间潜行、岁月更迭的意义。所以，每一个节庆，都要认真对待。”

7. 无塑生活

塑料制品给人廉价感。除了不得不使用的塑料收纳工具外，尽可能用不锈钢、玻璃、皮革制品代替塑料制品。

8. 制作生活灵感集

在图片社交分享网站拼趣（Pinterest）中输入关键词，可以收获许多养眼的居家设计美图；在照片墙（Instagram）上关注一些你喜欢的软装设计师或者家居博主的账号，可以第一时间获取软装灵感。我关注比较多的是美国“甜心儿”埃米莉·亨德森（Emily Henderson）、纽约“零垃圾女生”劳伦·辛格（Lauren Singer）和加州“零垃圾博主”贝亚·约翰逊（Bea Johnson）的照片墙，在公众号“一条”“好好住”“菠萝斑马居住指南”上，也可以看到很多美感与“宅感”共存的家。

把你喜欢的家居照片下载到手机里，制成电子相册，变成你的生活灵感集。一旦理想的家的模样在大脑中被清晰构建，下一次装修，你在确定风格时就会变得得心应手。

小贴士：亲手设计自己的房子，有助于提升“住商”与情商

我曾在《人物》杂志的专访里读到无印良品艺术总监原研哉对装修设计的理解。他说：“当你决定设计自己的房子时，结果并不一定会令你百分百满意。但正因为有遗憾，人才会在不断探索自己与物品、与空间、与人的关系时，得到很多启发。”

这段话激发我产生想要亲手设计一套房子的想法。2020 年 5 月，我购买了人生第一套房子。装修设计的过程，是一次对自我需求的深度剖析，既是对“住商”的锻炼，也是对情商的考验。我开始仔细思考空间的功能需求、收纳需求、审美需求。更重要的是，装修设计让我意识到，自己与家人的和谐关系，始终是最重要的。

08 向建筑师学习，思考人与空间的关系

柏林犹太人博物馆黑暗处的天光。

2012 年 6 月作者拍摄于德国柏林。

在我做传统媒体记者的 7 年时间里，我有机会与世界上知名的建筑师对话。我发现，每一位出色的建筑师，都拥有独特的生活信仰。从他们身上，我感受到空间的力量和建筑师强烈的个人魅力，以及

他们个人与作品之间深厚的情感联系。

2009 年，我进入《外滩画报》工作没多久，瑞士建筑师彼得·祖索尔获得了当年的普利兹克奖。这个建筑奖项，拥有“建筑界奥斯卡”之称。彼得·祖索尔的工作室位于阿尔卑斯山上，由 12 栋造型别致的木头房子组成，这些房子由他亲手设计建造，简朴犹如“手工作坊”。

在接受我的采访时，他谈及自己对建筑的理解。他说：“建筑是生活的容器，敏感地容纳地板上脚步的节奏，容纳工作的专注，容纳睡眠的寂静。”

这个描述让我想到法国哲学家加斯东·巴什拉的一本书《空间诗学》。巴什拉认为空间并非填充物体的容器，而是人类意识的居所。居住者诗意地建构空间，空间也充满灵性地建构我们。

好的空间，具有直抵人心的力量。

我曾切身体会过空间的疗愈力。2012 年夏天，我作为中德媒体使者，前往德国学习考察。参观德国柏林犹太人博物馆时，我穿过一片幽暗地，感觉走进了一条没有尽头的通道，之后进入了一座塔中。里面依旧一片漆黑，屋里唯一的光线从顶上一道裂缝处渗进来。

我在黑暗中驻足，抬头望向远处裂缝中透出的天光，时间仿佛是静止的。人们一旦进入这个空间，统统主动止语。我曾采访过这个建筑的设计师——丹尼尔·李布斯金。他是一名犹太人后裔，父母是大屠杀的幸存者，而他们家族有13人在大屠杀中丧命。李布斯金还是美国世贸大楼重建项目的总设计师。他的作品被称作“疗愈建筑”。

李布斯金告诉我：“建筑师在设计的过程中，首先不能隐藏自己的悲伤，而是应该和自己的情感阴影交流，和周边环境——天空和光交流。”

他认为，建筑富有灵魂，能够连接人心。

那些年，我经常会问我的采访对象一个问题：你的设计灵感，从何而来？

以下是我从那些世界闻名的建筑师那里收集到的答案。

1. 小说

日本建筑师隈研吾一有空，就会阅读村上春树和凯恩斯的作品。他最喜欢村上春树的作品《奇鸟行状录》。他喜欢这个故事的寓意：看似平凡的空间，其实隐藏着不为人知的微妙世界。彼得·祖索尔的工作室也堆满小说，有时候，他会点上一支雪茄，翻看小说，一下子灵感就来了。

2. 音乐

彼得·祖索尔热爱音乐，莫扎特的钢琴协奏曲、约翰·考特拉内的叙事曲和现代音乐都让他心醉。丹尼尔·李布斯金从小就是一名音乐神童，手风琴拉得极好。他 11 岁时曾在特拉维夫音乐厅和年轻的小提琴家伊扎克· 帕尔曼同台演出。“小提琴教父”艾萨克·斯坦曾对他说 :“李布斯金先生，你不弹钢琴实在可惜。你穷尽了手风琴所有的可能性 。”

3. 画作

“新管道主义者”伊东丰雄受到保罗·克利的素描作品《湍急溪流中的鱼群》启发，于是在构思建筑时，总会想到“流动”与“移动”的关系。这让他的作品形式轻盈，充满流动性。

4. 剧场艺术

“清水混凝土诗人”安藤忠雄早年从寺山修司的剧场实验中获得灵感。他在采访中告诉我，寺山修司教会了他如何深入人的内心世界，并且将其优美地表现出来。

5. 城市写生

日本第二位普利兹克奖得主桢文彦无论走到哪里，身边都会带一本写生集，看到自己喜欢的建筑作品，就会画在写生集里。这个爱好是他从建筑师偶像勒·柯布西耶那里偷学过来的。据说柯布西耶外出总是带着写生集——一个能够放进口袋的加长本子。2010 年，我采访桢文彦，他在上海逗留短短 2 天，就完成了 3 幅写生作品。

希望以上 5 个能给建筑师们滋养力的灵感来源，也能给你的生活带来滋养力。

小贴士：观看建筑师纪录片，感受屡败屡战的力量

安藤忠雄送给作者的亲笔签名以及手绘作品

外界看起来相当光鲜的建筑师，其实是一个艰辛的职业。它受到政治、法律、金钱以及客户的约束，所以建筑师往往难以将创意百分百发挥出来。阅读成名的建筑师传记，会发现他们都经历过多次建筑竞赛的“失败”，但并未向困难妥协。非比寻常的勇气和信念，令他们成为不断超越自我的战士。令我印象深刻的建筑师传记作品包括安藤忠雄的《连战连败》、隈研吾的《负建筑》、丹尼尔·李布斯金的《破土》、伊东丰雄的《建筑改变日本》等。

有意思的是，在日本导演水野重理拍摄的纪录片《安藤忠雄：武士建筑师》的第 39 分 16 秒，出现了一个我的特写镜头。原来是导演捕捉到我在上海采访安藤大师的身影，这个镜头便被幸运地剪入片中。这部片子讲述安藤忠雄从拳击手到建筑大师的转变，通过 52 分钟的视频，可以深度了解这位建筑大师的代表作品和成长历程，看起来十分过瘾，诚意推荐给大家。

C h a p t

er.02

第二章

身体滋养

拥抱自己，珍惜日常

01 每天做能量早餐

我的“一盘食”能量早餐，既颜色丰富又营养均衡，它为我的每一天带来活力。

在我做传统媒体人的日子里，《三联生活周刊》是我每周必读的杂志。它的前主编朱伟是我十分尊敬的媒体前辈。没想到，他退休后的生活也吸引着我。

每每浏览他的微博，都会产生“好似神仙过日子”的感觉。

2020 年元月的一天，朱伟老师发出一条微博：

> “早餐有一整套程序：喂完院子里的猫，请晨光入户，洗净五谷杂粮，冬日以一大杯自动磨糊温补。煮鸡蛋，佛堂供水供烛供香，擦唱机（北京尘多，不擦拭就积一层），水仙换水。等糊做好。音乐响起，才是享受早餐的时间。”

博文配图 4 张。我最爱的一张是一个通体透亮的玻璃圆盘，里头大枣、花生的红，桂圆、大核桃仁的黄，再加上薏仁的白，呈现出 3 种缤纷的色彩，让人食欲大开。

在吃早餐这件事上，我和朱伟老师的想法完全一致。我已坚持 1 年“像女王一样吃早餐”了。

决定认真做早餐之前，我有一段不爱惜自己身体的暴饮暴食期，短短半年，增加近 10 公斤体重。直到 2019 年年初，我幡然醒悟，暴食无法抵抗焦虑。爱自己，从吃一顿好早餐开始。

对于有工作在身的人来说，午餐和晚餐，常常身不由己。唯有早餐，适合安静地独处享受。

我并没有成为高颜值早餐博主的目标，也不期待把早餐雕琢成养眼的艺术品。于我而言，简单省事又丰盛可口的早餐，才能日复一日地坚持。

我把制作能量早餐，视为一门科学。以下是我琢磨出来的能量早餐配方：

低血糖生成指数（GI）的主食 + 蛋白质 + 水果 + 优质脂肪 + 健康饮品

低血糖生成指数的主食：玉米、红薯、紫薯或是快煮无糖麦片

蛋白质：1—2 个鸡蛋

水果：猕猴桃、蓝莓、苹果、柚子

优质脂肪：各类坚果

健康饮品：白开水、黑咖啡、牛奶、蜂蜜水、茶

如果说每一天都是一场微缩人生，一份颜色丰富又营养均衡的早餐则令人能量加倍，幸福无比。

我的整个早餐制作过程大约为25分钟，其中20分钟是蒸煮主食的时间。把主食放入蒸锅后，同时煮鸡蛋，准备水果、坚果和饮料。多余的时间下楼遛狗，做些简单的热身运动，即可上楼用餐。

我会把全部食物，装进一个浅色圆形大盘。我把这种早餐称作“一盘食”早餐。

慢慢地吃，也是享受能量早餐的必备要素。

“正念饮食”强调每吃一口饭，都需反复咀嚼，仔细品尝其中滋味。说实话，这一点，我之前做得并不好。因为长期快食，咀嚼肌缺乏锻炼，多咬几下，牙关就会发酸。

直到有一天，我去居住在上海的视觉影像艺术家、知名策展人林书民老师家上课。

上课前，早到片刻的我，看见他正在吃早餐，是一大碗自制的五谷杂粮，除此之外，里面还有香蕉和8个鸡蛋的蛋白。林老师告诉我，他每天会花1个小时吃早餐。他认为：“抑郁和焦虑的情绪与没吃好和不健康的生活习惯有关系，所以人要懂得慢慢吃、吃全食和晒太阳。”

如果把每一天比喻成一场微电影，那么能量早餐，则是电影中最漂亮的开场。

小贴士：照顾好自己，从专心吃早餐开始

如果你会成为那些你吃进去的食物，那么就请吃最好的东西。请停止吃那些垃圾食品，只吃最有营养、最干净的食物吧。

——黄凯丽《30天爱上我》

我是一个效率主义者。吃早餐时，我喜欢一边吃一边收听各类音频节目，比如，逗趣的《文涛圆桌派》，优雅的《蒋勋说红楼》，令人放松的《跑题大会》。如果发现自己喜欢的老师更新线上微课，我也会在早餐时收听。但是，一心二用的我时常会接到肠胃的抗议。肠胃好像聪明的老师，总是能抓住开小差的学生。

吃早餐时可以让耳朵工作吗？我向林书民老师请教这个问题。他回答说，吃早餐时，关闭周围的声音是最好的。这样一来，身体不会受到干扰，也不会产生焦虑。科学家发现，肠是人类的“第二个大脑”。如果没有照顾好自己的肠，人就会天天处于焦虑当中。所以，把自己照顾好，请从专心吃早餐开始。

02 宠爱自己的身体

出产于泰国的草药球，

是我家中常备的按摩神器。

2016 年 8 月，我从一家世界 500 强的地产公司辞职。在不到 1 年的时间中，虽然我的头脑接受这份工作，但我的身体却发出警告。辞职前，我已经看了半年中医。医生诊断结果是“肝气郁结”。我的内分泌也出了问题。每天的情绪好像在坐过山车，时而兴奋，时而沮丧，一直处在一种极度不稳定的状态中。

最终在决定是否辞职时，我让身体代替我的头脑来思考。我之前采访过一位普利兹克奖得主、建筑师伊东丰雄。他和我讨论人的 2 种思考方式：有意识思考和无意识思考。他说："用头脑所想的事，只要 3 天就变了；但是用身体思考的事，再久也不会变。"

正因受到他的启发，我听从身体做出的决定，最终选择辞职，开始全职做自媒体。说也奇怪，内分泌失调的症状竟然在 1 个月内消失了，我也终于把吃了半年的中药给"断舍离"了。

那段职业选择经历，开始唤醒我宠爱身体的意识。

从 25 岁开始，我就对自己的身体越来越不满意。我记得有一天去南京出差，我对着酒店浴室的镜子端详自己，被腰两侧隐约凸起的两坨赘肉吓到，从此便不太敢在镜中观察自己的身体了。

我一心想要甩掉赘肉，好像只有恢复完美身材，才能驱散内心阴霾。

"我和身体的战役开始了。"我这样对自己说。

遗憾的是，怀抱一颗“战斗的心”的我，对自己更加严厉、苛责，却少了温柔。美国作家约翰·斯坦贝克在《俄国纪行》里说：“人生在世最难的一件事，也许就是单纯地观察，并接受真相。”好多年里，我变成一个逃兵，不愿正视身体的真相。

2016年成为全职自媒体博主后，我拥有了一些可供自由安排的闲暇时间。我看了大量电影，其中一系列时装杂志主编主演的纪录片，令我摘掉了“身体厌恶者”的帽子。

它们分别是：

美国版《VOGUE》杂志主编安娜·温图尔（Anna Wintour）主演的《九月刊》和《五月的第一个星期一》。

法国版《VOGUE》杂志前主编卡琳·洛菲德（Carine Roitfeld）主演的《C小姐》。

英国版《VOGUE》杂志前主编亚历山德拉·舒尔曼（Alexandra Shulman）主演的《绝对时尚》。

美国版《VOGUE》杂志前主编黛安娜·佛里兰（Diana Vreeland）主演的《黛安娜·佛里兰：眼睛要旅行》。

在看这些片子前，我曾看过梅丽尔·斯特里普主演的《穿Prada的女魔头》以及奥黛丽·赫本主演的《甜姐儿》。虽然同样是有关“时尚女魔头”的故事，当我看到真实人物本色演出时，震撼感更强。

我发现这些“时尚女魔头”们有一个特点：长相普通，绝对不是令人惊艳的第一眼美女，但是她们衣品极佳、气质不凡，这是她们内在的骄傲支撑起来的。

或许正是因为拥有一张不那么漂亮的面孔，这群聪明绝顶的女性才孜孜不倦地投身于美的事业，成为美的定义者、美的风向标。

美国版《VOGUE》前主编黛安娜·佛里兰小时候被母亲讥讽是“丑陋小怪兽”，长大后的她自信放言：“你不需要长得完美，只需要活得狂野。”

我觉得这句话的寓意，是鼓励长相平凡的我们，接受不完美的自己。当你接受自己的那一刻，你才能真正做自己，一切都变得美好起来。

我开始重新审视自己的身体，对着镜子，细致入微地观察，努力发现它的可爱之处。

我会一边洗澡，一边在心中默默给身体写情书。

“你的脖子很长，要注意关爱颈椎，避免前倾，穿 V 字领的衣服可以裸露好看的天鹅颈和锁骨线条；你的腰很细，多用腰带强化优势，凸显沙漏形身材；你的手指细而长，好多人夸奖你的手一看就是弹钢琴的手，不妨涂上亮色甲油，让别人注意你的手部。

“你曾经非常讨厌婴儿肥，30 岁后，婴儿肥好像变成了优点。这种脸型不容易显老，只需搭配长条几何形状的耳环，就能起到拉长效果。你不喜欢自己的‘五五身’和假胯宽，那么选择多穿高腰裙，就能遮掩不足……”

通过不断自言自语，给身体唱颂歌，我越来越清楚身体的优点，学会扬长避短。

几年前，我曾不小心被摩托车排气管烫伤，在右腿小腿肚中间留下一个拳头大小的疤痕。之后连续好多年的夏天，每到光腿穿裙装时，我都会考虑是否要用激光把疤痕做掉。但是，这个念头已在今年消失了。我已把那块疤痕视为身上的一块图腾，和它一辈子和平相处，应该也不错。

当我不再追求完美，开始把身体当作好朋友时，我不再苛责自己的身体了。

小贴士：尝试自我按摩

2010 年，我第一次去泰国旅行时，在当地的市集购买了草药按摩球。这种按摩球在水中浸泡数分钟或在微波炉里加热后，可放于脸部和身体其他部位来回按摩，温热的棉布包裹着草药，把滑过的皮肤的毛孔一一打开。后来，我又去了泰国 2 次，参加了当地人举办的按摩学校认证课程。主动地自我按摩，是自我关爱的一部分。身体会因此变得敏感，发出更多靠谱的反馈信号，人也会更充分地感知身体，形成一个良性循环的生命支持系统。

03 泡个温泉吧

泡温泉，是我对身体的犒赏。
图片里的是我在网络上购买的袋泡茶，
“江南四大才子”的形象像极了浸入温泉里享受的我。

我想每个人都应该找到令自己最舒适的减压方法。

我的减压方法是泡温泉。每当把身体浸入温泉的那一刻，所有的痛苦全都烟消云散。

每当我想让自己彻底放松，或是完成目标后给自己一份小奖励时，我便会计划一场两日一晚的轻旅行：从上海坐火车回我的祖籍浙江余姚。我的亲戚们住在一个风景秀美的山岙里。山上建了一家温泉酒店，有大大小小几十个温泉池，多是花香味的。在那里待一个下午，我常常会惬意地发出感叹：真是人杰地灵的地方啊！

温泉对于我来说就好像旅行时的坐标。印象中第一次泡天然温泉是在2009年。当时我和妈妈报名了台湾省的环岛8日游，在台东花莲的温泉酒店，我和妈妈泡在一个小小的池子里，旅行的疲劳瞬间就消散了。我还在瑞士中部的著名温泉小镇——罗伊克巴德（Leukerbad）泡过半个小时虽不过瘾却不会忘却的温泉。那里的天然温泉，对治疗皮肤病功效显著。无奈的是，当天晚上抵达下榻的酒店时，离温泉池关闭只剩半小时。在阿尔卑斯山脚下，我和我的伙伴们像一只只兴奋的小猴，跳下温泉，嬉戏玩闹，头顶是灿烂的星空。

泡温泉气氛最浓的国家当属日本。我把泡温泉当作每次去日本旅行的必选项目。第一次和友人去了东京附近的温泉小镇日光。那里的中国游客不多，幽静清冷，泡露天温泉时，美丽的小溪就在身边流淌。第二次去了北海道札幌附近的温泉小镇登别。享受完酒店提供的日料晚餐，欣赏完山间篝火表演，再回酒店温泉沐浴，是当地游客的“滋养三部曲”。

白天，我在山间徒步时发现好几处天然大温泉，白色蒸汽从地底涌出来，整个山谷笼罩在云雾之中，十分神秘。山间还有一处流动温泉，供游客泡脚休息。如果你计划去北海道旅行，又和我一样爱泡温泉，千万不要错过登别。

《孤独星球》（*Lonely Planet*）这样形容：“日本人已经把温泉沐浴这种单纯的行为变成了一种信仰。伴随着这个国家星罗棋布的寺庙和神社，享受温泉成为最放松的信仰。”

日本“整理教主”近藤麻理惠在《怦然心动的人生整理魔法》一书里写到她很喜欢瀑布浴：

> “耳边只听到‘突突突’的巨大流水声。虽然全身都受到激流的冲击，但疼痛感马上就会消失，渐渐地处于麻木的状态。少顷，身体会感到微微地发热，然后进入所谓的冥想状态。”

我觉得这段有关瀑布浴的描述，和泡温泉的感觉特别相似。它们都是与水有关的活动，通过皮肤刺激，让沐浴者放下理性，用身体去感受，激发内心的平静。

日常生活中，我所生活的城市没有天然温泉。于是，我找到一些替代泡温泉的放松方式。

漂浮水疗（SPA）是我的一个新尝试。

几年前，一个瑞典人在上海开设了第一家水疗漂浮馆。体验者花 45 分钟时间，让自己漂浮在高浓度的盐水面上，就好像漂浮在死海之上。整个活动是在一个太空舱里进行的。水温比温泉要低一些，体验者通过防水耳机，可以选择收听冥想指引、亚马孙天然雨林的声音、普通白噪声，或者什么声音都不听。

漂浮水疗好像是“另类温泉”。它是一场“失去重力”的冒险，所以一开始进入温泉时，身体的状态不会一下子放松。因为你的身体感官正在被剥夺，仿佛进入一个异度空间，你会感觉紧张，因为不习惯把水当枕头，脖子也会不自觉地抬起。直到你的意识彻底接受自己正在漂浮的事实，直直躺在水面上，享受水流托起整个身躯的感觉，那一刻，你和你身处的环境，彻底融合了。

根据科学研究，当一个人在一个无声、无刺激的漂浮仓内漂浮时，人体内会分泌内啡肽，这种神经化学物质可以帮助人忘记烦恼、释放压力、感受愉悦，让人感觉仿佛回到妈妈的子宫。

如果自己家没有浴缸泡澡，可以采用一个小小的清晨沐浴仪式，让自己收获与泡温泉相似的放松感。

我从《晨间日记的奇迹》一书里看到“曼陀罗淋浴法”。作者佐藤传完全不按常理出牌。他鼓励人们先从双脚开始清洁自己，按脚底→会阴→生殖器→气海丹田→胸线→手心→喉咙→额头→百会（头顶）的顺序，为自己冲一个愉快的澡。

我很喜欢这个有别于传统的洗澡方式。它颠覆了日常习惯，是一个让自己换位思考，“激活右大脑”的练习。如果你总有早起困难症，或者比较严重的起床气，不如试试这个方法，说不定它会成为你早起的动力，让你收获一整天的神清气爽。

小贴士：去瑞士，在建筑大师的作品中泡温泉

之前采访瑞士建筑师、普利兹克奖得主皮特·祖索尔的时候，了解到他十年磨一剑的代表作——瓦尔斯（Vals）温泉浴场。如果有机会再去瑞士，我想要体验这个瑞士唯一全部用自然石材建成的温泉浴场。它的内部结构使人有进入一座原始寺庙的感觉。1986 年建造之初，祖索尔就为这个外形简朴、内部类似洞穴的山间浴场立下规矩：凡是进来洗浴的人，都不能讲话。 这是一条看似不合情理的苛刻规矩。但自从 1996 年对外开放至今，瓦尔斯浴场似乎有一种天生的魔力，让每一个进入此地的人情不自禁地用心代替嘴来感受。

一位游客说：“空气中弥漫着浓浓的宗教气息，让人沉静，彻底慢下来。在这里，讲话是多余的。”作为一个温泉爱好者，我把去瑞士瓦尔斯浴场泡温泉写进了梦想清单。

04 好身材，吃出来

我的三格餐盘，确保食量，确保低热量，确保营养均衡。

过去，极简主义者常说：少即是多（Less is more）。现在，听到一个新说法：少即是未来（Less is future）。少了，人生就有了希望。

我每天兴奋地更新着文章，教别人“丢弃的艺术”；而我的身体，还存在颇多冗余之物——赘肉。

小家要减肥，你自己呢？我问自己。

在我眼中，“吃货”的标准，不是你去过几家米其林餐厅，或者你究竟有多恋食。“吃货”是深入人体基因的属性。比如说，在不控制饮食的情况下，我在晚饭吃饱后，还能立刻塞下一个水蜜桃、一串葡萄，稍晚还能再吞进一个和普通泡芙一般大的香蕉挞。

大学时代，我有句口头禅：“饱是饱了，但不满足。”

英国广播公司（BBC）曾拍过一部纪录片《瘦人不胖》（*Why Are Thin People Not Fat*），说瘦人体内天生缺乏一种叫作“FTO”的基因。他们无须刻意抵制美食的诱惑。因为在吃饱后，他们对任何事物都不感兴趣。BBC记者专程去英国一家蒙特梭利幼儿园做实验，非常科学严谨，所以我信了！

很遗憾，我明显拥有了过多的“FTO”基因。我知道，自己在非饥饿状态下吃东西的概率，要远远高于其他人。

减肥界有一句话：三分练，七分吃。所以，食欲整理，刻不容缓！以下建议来自我在 2016 年夏天参与“人马君线上减脂营”的心得。6 周时间，我成功瘦身 5 公斤。

食欲整理适合人群：

1.“FTO”基因过多者。

2. 浓油赤酱的重口味爱好者。

3. 追求健康减重、减脂的人士。

以下是我参加减脂营后总结出的十大绝招，你不妨试试看！

1. 每顿饭八分饱，绝不让自己饿着

这点真的非常重要。我记得徐熙娣（小 S）以前在节目中说过，自从生了第一个娃之后，吃饭从来没超过七分饱。对于正常人来说，这样的要求太苛刻。七分饱和八分饱，真的差很多：七分饱好像还在让自己挨饿，是一种惩罚；八分饱则刚刚好，有一分克制、一分满足，对下一顿美食充满期待。

请千万不要让自己挨饿，不然的话，一旦过了减肥期，很容易暴饮暴食。另外，每顿饭请必须吃，一顿不能省！

2. 一旦饥饿，多喝水

以前的我，基本上能喝饮料，就不喝水。结果，减脂营督教的一句话，让我印象深刻：4 个水分子，带走 1 个脂肪分子。

不管这句话科学与否，它真的变成了我喝水的动力。对于我来说，使用每天喝水的打卡软件有点鸡肋。最好就是杯子不离身，有事没事喝上几口。后来，我琢磨出一个道理：饥饿时，多喝水，管饱。

3. 不喝或少喝任何饮料

虽然这一条显得有些乏味，但真的非常必要。

在过去，我去餐厅，必点鲜榨果汁，喝一杯，感觉活力回来了。但是，水果鲜榨之后，糖分浓缩，升糖指数变高，一样催肥。

如果你学会只喝水，不喝或少喝饮料，你会发现，生活变简单了，口味也清淡了，食物变得更有滋味了。所以，一定要试试看！

4. 水果只能早上吃

水果是好东西，有助于皮肤变水润。但是减肥期间，水果，请麻烦早上吃。

水果分为高糖和低糖2类。低糖水果包括苹果、猕猴桃、西柚、蓝莓、樱桃、柠檬等。甜食爱好者爱吃的水蜜桃、西瓜和葡萄，都不在其中。

“水果关”是一道大关。甜食族们，加油！

5. 不喝汤

荤汤富含嘌呤，素汤也会把人的胃撑大。所以，减肥期间，请勿喝汤。

绿豆汤、百合银耳羹也算汤水，请暂时戒掉。

6. 调整吃饭顺序：先蛋白质，再蔬菜，最后主食

听到一个养生专家说：这年头，存钱不如存肌肉。

那么，怎样增肌？除了无氧训练外，就是补充优质蛋白。

优质蛋白包括各种鱼虾、贝类、瘦牛肉、鸡胸肉等。在每顿饭一开始，先吃优质蛋白，保证最优吸收。比如，早餐 2 个鸡蛋，中午 3 块鸡小胸，晚上 1 条鱼等。

其次，是大量蔬菜，以绿叶菜为主。记住，小番茄的糖分高，减肥期间尽量不吃。

最后，是主食。最好吃粗粮，比如燕麦、小米、糙米、玉米、番薯、芋头等。主食的作用是管饱，如你已觉八分饱，就少吃些主食。

三餐必须吃，零食全部戒掉。

7. 每餐食量，参照 1 个拳头大小

对于学文科的我来说，每餐计算热量会要了我的命。减脂营的督教让我们用“3 个拳头”来做简易的热量计算。

每餐，蛋白质 1 个拳头，蔬菜 1 个拳头，主食 1 个拳头（晚餐不吃主食），就不用担心热量超标或不足了，是不是很简单？

8. 买个三格餐盘

这个方法看似微不足道，但是会有很微妙的效果，可能就是减

肥成功的一个突破口。就好像你给家做整理，即便把物品减少到最少数量，还是需要收纳容器将其合理摆放。

选择一个三格餐盘，一格放高蛋白食物，一格放蔬菜，一格放主食，视觉效果清爽，食物也不会串味。重要的是，三格餐盘本身的格子，可以让你更好地控制食物的量。

9. 晚餐后不吃东西

这一点虽然写在第九条，但论其重要程度，绝对可以排入前三名。晚餐本来就不吃主食，加上餐后什么都不吃，真的是一种“忍术”！大家自己去体会，吃消夜和不吃消夜的人生，会有多么不一样。

晚餐后不吃东西，也能促使你早点上床睡觉，更加期待第二天的美味早餐。

10. 减少外食，自己做饭

如果减肥期间你还想到外面大吃大喝，我想，你还是打消减肥的念头吧。自己做减肥餐，把食物当艺术品打造，然后美美拍照，是件非常有成就感的事。从此，你不用再羡慕微信里的各种诱人美食，因为不知不觉间，你自己已化身为美厨娘和别人羡慕的对象！

以上 10 条经验我一共尝试过 2 次，每次 6 周，每次都减重 5 公斤。2 次成功减肥经历的背后，是 2 次失败的体重管理：第一次是我在地产公司工作期间，疏于对身体的关爱，利用暴饮暴食减压；第二次是 2018 年的秋冬，我不争气地入了网红奶茶的坑，沦陷到爬不出来。

2019 年至今，我花了 1 年多的时间，一直在研究体重管理这件事。我发现，如果单纯为了减肥而健康饮食，达到目标就停止，减肥成果是无法长久维持的。唯有转变意识，把健康饮食当作一种滋养，一种享受，一种最明智的自我投资，好身材才会一直保持！

小贴士：想快瘦，做个不嗜糖的人

1. 将家中囤积的白糖、方糖、红糖、冰糖统统断舍离，并远离红烧菜。

2. 那些所谓的无糖饮料不是白开水的替代品。

3. 远离巧克力和所有膨化零食。

我家有一台体脂秤。我会给自己设定一个警戒值，一旦体脂超标，我会在之后几天戒糖。做到以上 3 点，相信你能很快收获理想的身材。

05 厨房“3L”收纳法

近些年，越来越多的人意识到厨房收纳的重要性。

空无一物的灶台台面，

会让厨房变成你的疗愈空间。

我看过《厨房，是治愈人生的避难所》一书。书中告诉我，关爱自己，从吃开始。但是，厨房的物品种类繁多，稍不留心，就会变得杂乱不堪，既影响做饭效率，又影响心情。

“第 1 整理术 Yi Organizer”的特约作者群里，有多位厨房收纳的高手。我的厨房收纳经验，多是向他们学习的。此外，我还阅读过一些由心灵手巧的日本主妇撰写的与厨房收纳相关的书籍，我把达人的实践智慧和日本主妇的理论经验结合，探索出一套较为简单、易记的厨房收纳法——“3L”收纳法。

第一个 L：Less（少）。

灶台台面一角，摆放做饭常用的盐和胡椒。插着绿叶的小瓶，是用完的无印良品精油瓶。其他调味品全部收纳到下方的橱柜中，只有在用的时候才会拿出来。

砧板、锅具、清洁用品，用多层置物架和篮筐等工具，收纳在水槽下方的柜体内。

把厨房使用物品的数量，控制在最低限度。在台面上，尽可能不要放置不常用的东西。我的一位居住在蒙特利尔的好友王翌（大空君）告诉我，和学生时代相比，搬到蒙特利尔的新家后，他的厨房操作台面积，增大了不止 1 倍。于是，他把很多厨房用品放在台面上，包括电饭煲、烧水壶、微波炉、咖啡机、慢炖锅等。可是不久之后，这样做的坏处一个个出现：料理区域变得狭小；随着居住时间增长，各种物品表面渐渐沾染上油污，操作台清洁也越来越难。

最终，王翌选择只把微波炉留在操作台上，其他所有物品都收入柜中，即使是烧水壶，也随用随拿。一旦养成习惯，就会发现有很大的益处。

保持宽敞的台面，就会有更宽阔的操作空间，处理厨房事务也更得心应手。多余的空间，可以摆放绿植作为点缀。

第二个 L：Love（心头好）。

池田惠美老师家的单水槽，用了 5 年时间，依然像全新的一样。她说：有水的地方，一定要保持干净。

展示收纳的日用品，必须精挑细选。居住在巴黎的赵筱筠，用“二八原则”收纳厨房。其中，80% 的物品隐藏收纳，眼不见，心不烦；20% 的物品，外露收纳，它们必须是百看不厌、不影响心情的。

她的外露物品是这样收纳的：

营养物品，因为如果看不见，就不会想起来吃，很容易过期，于是，选择统一放在美观的玻璃瓶里；沉重的铸铁锅，一旦收起来，就没有勇气和力气搬出来使用，所以选择了一只芬兰设计师提莫·萨帕涅瓦（Timo Sarpaneva）的作品，它有着“世界最美铸铁锅”之称；想要身体健康就要多喝水，选择经典北欧啄木鸟水壶，会让人一看就有喝水的好心情……

赵筱筠把自己的收纳方法称作日常用品“雕塑化”，即被看见的物品，必须具有视觉价值。

她给我的启发是：对于小户型的厨房来说，要用心挑选厨房里喜欢的日用品，让目光所及之处，都是自己的“心头好”。做饭不仅是件接地气的家务事，也是件会提升审美的事。

第三个 L：Like（一致性）。

池田惠美老师用 20 多个外形一样的矿泉水瓶来收纳各类调味料和五谷杂粮等食材。

厨房里大大小小的收纳盒，尽量统一。比如，居住在上海的池田惠美老师用20多个同样的矿泉水瓶来收纳各类调味料和五谷杂粮。它们被整齐摆放在灶台底下的抽屉里，每个瓶子的瓶盖、瓶身上都贴上物品名称，打开抽屉，一目了然。如果整个厨房的收纳工具，全部选择白色和透明的，它们会把食材和调料本身的颜色，衬托得更缤纷。

如果大家可以从上面介绍的“3L”收纳法中汲取一些经验，创造出适合自己的方法，面带微笑哼着歌在厨房里做饭，那就是一件滋养幸事了。

小贴士：厨房做到物放有序的方法

如果你可以给厨房内每一个小物件设定固定的收纳位置，那么你就可以保持厨房井井有条。我们一起看看日本整理收纳咨询师池田惠美老师的厨房吧。

水槽下方橱柜左侧门板背面

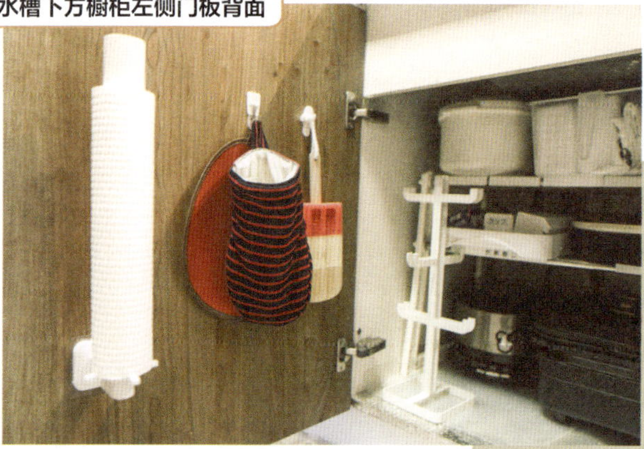

手套、隔热垫、厨房纸巾等质量很轻的厨房常用物，收纳在一扇橱柜门板的背面。

水槽下方橱柜右侧门板背面

另一扇橱柜门板背面，收纳洗碗布、清洗液和一些小工具。

厨房柜橱抽屉

筷子、勺子等小工具，可以用隔板分隔，收纳在一个浅抽屉中。刀具也可存于抽屉中，彻底解放台面空间。

灶台抽屉

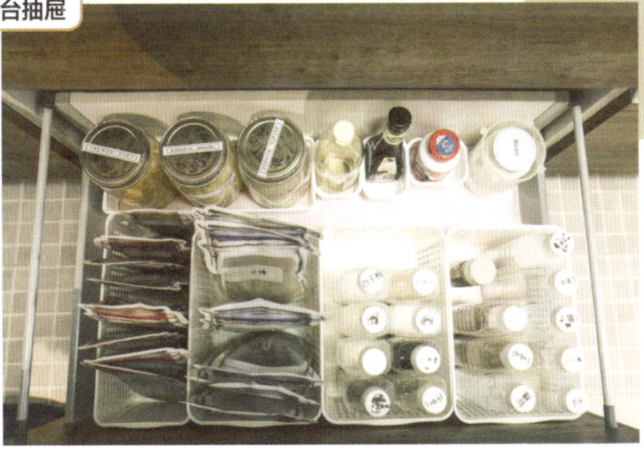

灶台底下设计抽屉，搭配统一的收纳容器，可以一目了然地看见所有存放的食材与调味品，取放变得十分简单。

06

做自己的“4 公里女王”

把跑步当作“每日维生素”，每跑出一步都带给你满满元气。

自从决定开始有计划地跑步后，我便称自己为“4 公里女王”。

之所以大言不惭地称呼自己“女王”，是因为希望用这个有分量的头衔，为自己加冕。因为我想把跑步变成一种习惯。

“4 公里女王”的灵感，来源于网友称呼郑秀文为“8 公里天后”。郑秀文曾在一篇博文里说：“健身，终极锻炼的是心志。”

我从小是一个没有运动细胞的人：4 岁学芭蕾，被老师说“不是这块料”；中小学时期上体育课，总是后进生；大学时期的晨跑，被我视作一种折磨，而非积极开心的事；大学毕业坚持练习瑜伽半年，后因频繁跨国出差而终止。

正式转变对运动的认知，是在 2012 年。第一次去美国的我，在波士顿待了半个多月，报社派我去专访一所美国顶尖私立寄宿制高中。我在这所顶级名校里发现，学霸并非人气最高的学生，甚至还会被嘲笑成“书呆子（nerd）”。赛场上体育校队的运动员，才是真正的校园偶像。

我与学校招生官交流后发现，学生们在申请入学的资料里，证明自己有一两项特别擅长的运动，并坚持数年，会被视为录取加分项。

美国高中的学业压力并不比中国小。特别是高中 11、12 年级（高中最后 2 年）的学生，面临文书写作、准备升学材料、标准化考试等压力。运动赋予他们优秀的体能，以应对多重任务的考验，更重要的是，可以帮助他们建立社交圈层。运动能帮助 10 多岁的孩子，建立更多的自信，如鱼得水地学习、生活。

回国后，我去健身房办了一张 4 年卡，到期后，又续了 4 年。

我的运动习惯在开头几年保持得不错。直到 2018 年初，我搬了家。周围没有健身房，我中断了近 1 年的运动，加上频繁吃外卖，胖了 7.5 公斤。

2019 年初，我决定送给自己一份礼物——一个轻盈的身体，一颗坚强的心。这份礼物的背后，是一个可以终生坚持的运动习惯。

虽然我喜欢打羽毛球，但它是团队运动，按照现有条件，每周至多 1 次；虽然我喜欢游泳，但距离最近的泳池，需要 15 分钟车程，难以每日坚持。最终，我选择跑步。

起初，我的目标是每天跑步 40 分钟，每周 4 次。

之所以设定 40 分钟，是因为一般情况下，人在运动 30 分钟内会消耗糖分，30 分钟后会分解脂肪。所以，多坚持 10 分钟，就可达事半功倍的效果。

根据我的体能，每公里耗时为八九分钟。40分钟，至少可以跑4公里。如果你也是一名跑步新手，我建议把“4公里”当作第一个目标来攻克。

我的朋友圈，有许多跑步高手，有人几乎每个月都要参加2次马拉松；有人一年中从跑步“小白”晋升为可以跑全程马拉松的高手；有人每天5：00起床晨跑……

我明白，那是别人的“传奇”。只作比较没有任何意义。我需要创造属于自己的成绩。

我没有选择每天跑步，而是每周4次。因为我非常清楚，长久坚持对我来说更重要。这一回，我只是想把跑步变成我的“终身运动（Lifelong fitness）”，内化成我的爱好，一种习惯，一种人生信仰。

我总结了自己爱上跑步的3个原因：

1. 跑步让我感受坚持的力量

之前听说一位马拉松运动员在每次比赛前，都会绕场地骑行一圈，每5公里给自己设置一个标志物，每到一个标志物处，代表着一个小目标完成，鼓励他继续前进。我自己也用小目标、小奖励来鼓励自己：我跟自己开玩笑说，每跑5分钟，你就赚了1万元，每天目标赚8万，不久就能买豪宅了。这个玩笑虽有些俗气，但在刚开始运动的时期，特别鼓舞士气。

2. 跑步让我学会时间规划

我尝试把跑步列入日常流程。无论春夏秋季，我都会在固定的时间起床，先晨跑，再吃早餐。冬季，我在每日晚餐后打车去健身房。这样做是为了节省时间，不浪费体力，让我把最重要的精力，用在我喜欢的事情上。

3. 跑步带来新的思维

我的书稿灵感，部分来源于跑步。有时候，跑步的过程中，灵感就像瀑布一样倾泻。我喜欢在跑步时一心二用，戴上降噪耳机，收听名人演讲或是线上微课，加速脑力激荡。当自己在热气腾腾的跑步机上边跑边接受新知时，感受和在安静状态下学习，截然不同。

如今，长跑于我，变得和吃饭、洗脸、刷牙、睡觉同样重要。我依然每周平均跑步4次，每次40分钟。唯一不同的是，我从气喘吁吁的“4公里女王”，成了能轻松跑完6公里的坚强跑者。我相信，真正的“女王”，潜力无限，永不放弃。这就是跑步教会我的事。

小贴士：跑步前，为自己准备一双好的跑鞋

这是陪伴我达成每一个 4 公里目标的 2 双鞋。我喜欢黑色的跑鞋，因为特别耐脏。相比颜值，我更看中跑鞋的功能。

我虽然是一个业余跑者，但还是拿出专业的精神来对待跑步。为了避免不必要的运动伤害，我钟情于专业级的跑鞋。之前选择了一款斯凯奇品牌的专业跑鞋，它轻便、耐磨，脚感很好。半年时间，它的底部橡胶大部分被磨平了，偶尔会出现打滑现象。于是，我又为自己挑选了一双阿迪达斯的“Ultra Boost 20w”。它是阿迪达斯和国际空间站携手推出的合作款，具有保护脚趾的功能。我的跑鞋，虽然不够好看，却耐用好穿。在跑步前选择一双好鞋，它会带你走更远的路。

07 力量训练，体会“活在当下”的感觉

每天做些力量训练，未来的你，会感谢今天的自己。

对于减肥之人来说，瘦只是第一步，终极法宝是增肌。

那么，怎样增肌？除了饮食上补充优质蛋白，力量训练是不二法门。

一旦开始做力量训练，我会情不自禁地在没人的时候，用手指戳一下自己的肚子，看看有没有出现紧实的肌肉。随着腹部松垮垮的赘肉消失，我开始感受到身体的蜕变。

以前，我只会在冥想时，留意自己的呼吸，体会“活在当下”的感觉。在每周进行1—2次力量训练后，我发现，原来它也是极佳的自我察觉时刻。当你把注意力集中在某块肌肉上时，往往会获得事半功倍的训练效果。

训练时，如果大脑开小差，思考运动以外的事，比如下一餐吃什么，动作往往无法做到标准，训练效果大打折扣。

在运动的过程中，只专注于你的动作和你的身体，不正好可以逃离日常琐事和工作生活的压力吗？

暂时停止想东想西，这种逃离，不是逃避。随着身体的强壮，抗压性增强，原本的压力也会随之成为浮云。因为你已拥有化解压力的内在力量。

每个人在专心做力量训练时，身心会完全融为一体，这时候，惊喜的变化会随之出现。

我自己从健身“小白”开始，到获得“质”的飞跃，是在一次平板支撑的练习中。我撑足了3分钟。这是在教练的监督下完成的，所以动作标准，没有偷懒。后来，我又尝试了几次，也都突破了2分钟大关。

这个成绩，在教练教过的学员里，属于优秀的。更重要的是，原本我是一个平板支撑撑不过1分钟的弱女子啊！

后来，每次训练，教练都会问我：肚子有没有发力？

我越来越感受到身体的感觉。我发现自己在平板支撑的第一分钟，肚子是紧绷的，但几乎完全感觉不到吃力，好像自然而然就绷住了。我仿佛失去了原本的神志，进入了另一个空间，大脑出现思维空白，内心感觉到静止与宁静。进入第二分钟后，我才会逐渐感觉到全身肌肉的疲累和腹部的紧张感，需要开始依靠意志力继续完成动作。

教练也很诧异我在平板支撑功力上的突飞猛进，于是，让我尝试了几次靠墙静蹲。同样，坚持的时间，比之前久了不少。

这个说起来有些玄乎的技能，给我带来很大的成就感，也让我在力量训练中变得自信起来。

在我心中，一直有一个疑问：自己究竟是如何做到的？

直到有一天，我突然想到很久之前看过的一个访谈节目——凤凰卫视前主持人梁冬与中国科学院院士朱清时的对谈，名字是《禅定与真气》。

朱院士解释说，10多年前，世界上掀起一股“禅定热”。美国《时代》周刊推出过专门讨论禅定的专题报道。禅定中最重要的方法，是呼吸法门。真正做到的时候，体内会升起“真气”。《达摩多罗禅经》里描述这种感觉，叫作“无上清凉”。

我反复体会朱院士的这段话。我感觉自己在平板支撑时，借由绵长的呼吸，或许真的进入一种和禅定相似的境界。练习的第一分钟，我专注于默念数字，专注于呼吸，专注于感受当下的自己。练习超过1分钟后，各种念头慢慢跑出来，身体也逐渐感觉疲乏，就无法支撑太久。

禅定是一门深奥的学问，我不太相信以我现在的功力，就能达到禅定之境。但可以肯定的是，力量训练会打开我身体的大门，让我体会到心无杂念的快乐。这应该是生命里一种自由而美好的状态吧！

小贴士：力量训练，和自己的身体交朋友

1. 力量训练前，需要给自己找一位专业靠谱的教练，把运动伤害的可能性降到最低

我自己在选择教练时有 3 个标准：第一是必须热爱运动，我会查阅教练的朋友圈，看看他除了工作之外，私下是否有健身习惯；第二是懂得因材施教，能根据我的身体和情绪状态，调整教学进度；第三是博学，我喜欢和教练讨论一些有关健身、健康饮食的前沿资讯。这几点上，我的教练都没有让我失望。另外，如果教练的外形赏心悦目，则可以增加训练的动力。

2. 每次力量训练结束后，注意拉伸，感受身体变化

我在实践力量训练半年多后，开始接触瑜伽，跟着一位从加拿大回来的华裔老师学习过 6 节基础的哈达瑜伽。有意识的腹式呼吸，让我从身体上体会“吐故纳新”的愉悦感。回想起来，可能正是“力量训练+瑜伽”的组合训练，快速引领我的身体进入安静平和的状态。

3. 选择在上午做力量训练，可以给一整天赋能

力量训练让你的肩背部舒展，腰腹部更有力量，有益于形成抬头、挺胸、收肚子的优雅体态。我曾听过哈佛商业学院副教授、社会心理学家埃米·卡迪（Amy Cuddy）在 TED 大会上的演讲。她认为：有力量的肢体动作，对一个人的自信有着潜移默化的积极影响。所以，如果你在某天下午有一场重要的演讲或是希望自己更加光彩照人，就选择在那天上午做力量训练吧。

08 做自己的睡眠教练

把手机锁起来，好好地睡个不被消息打扰的觉吧。

伊曼努尔·康德（德国古典哲学创始人）说，有3样东西有助于缓解生命的辛劳：希望、睡眠和笑。

相信没有人不希望自己可以睡个好觉。

几年前，我阅读过一本名为《睡眠革命》的书。这是我第一次知道世界上居然有“睡眠教练”这个职业。这本书的作者是从事睡眠科学研究30多年的睡眠教练尼克·利特尔黑尔斯，他的客户以体育明星为主，包括大卫·贝克汉姆、瑞恩·吉格斯、保罗·科尔斯、内维尔兄弟等世界级体育名将。

因为这本书，我开始研究睡眠的科学。我想成为自己的睡眠教练。

我发现，确保高质量睡眠的重要前提，是符合生物钟。2017年诺贝尔生理学或医学奖得主正是3位研究生物钟和昼夜节律的科学家。他们认为昼夜节律属于生命体24小时的内循环，受生物钟控制。它是生命体成千上万年进化的产物，不会轻易改变。BBC纪录片《生物钟之日》中，牛津大学睡眠和昼夜节律科学研究所主任拉塞尔·福斯特教授也提醒说：“也许只有人类这一个物种，会妄图凌驾于自己的生物钟之上。”而且，长期违背生物钟，将导致严重的健康问题。

我尝试过很多办法，让自己改掉熬夜的习惯。

我很认同以下这个说法：

“当代人之所以熬夜，是因为在意识深处惩罚自己今天没有丝毫的进步，没有任何经验和阅历上的升华。”

所以，只有让自己在睡前远离焦虑源，把内在频率从“自我谴责”调成“感谢”，从“焦虑”调成“安静”，才能迎接好睡眠。

以下是我在这些年摸索出的 3 个有效的入睡前准备动作。

1. 移除卧室内的电子设备

包括电脑、iPad、智能手机等，目的是减少蓝光。蓝光是一把双刃剑：白天的蓝光是有益光，帮助人们抑制体内褪黑素分泌，提高灵敏度；到了夜晚，智能手机等电子设备屏幕发出的蓝光，就变成不良光线，妨碍褪黑素分泌，扰乱人体生物钟。

对于习惯睡前刷手机工作和娱乐的我来说，一开始会觉得离开手机相当痛苦。后来，我买了一个可以定时把手机锁在里面的保险盒。它原本是一个美国的“吃货”发明出来，用来锁住饼干等甜品的容器。没想到，这款盒子面市后，最具人气的功能是锁手机。

每晚 00:00 至清晨 7:00，我把手机关机锁在里面。养成习惯之后，我发现，这是对身心的一种犒赏。我再也不用被让我不舒服的信息源打扰了。

2. 睡前 10 分钟的收拾

其实，5 分钟、7 分钟、10 分钟，都没有关系，全凭自己的喜好。整理房间，让一切适得其所。每个生活空间，在居住者活动一整天之后，或多或少都会失序。其中明显的特征是，原本放在 A 处的物品，出现在 B 处。B 处可能是一个触手可及的位置，符合居住者的生活动线，但物品堆积多了，就会显得非常凌乱。

睡前把东西复位，归置好，并不需要太多思考。这个小小的仪式，既是让身体放松的运动，也是对空间的尊重。醒来之后，你会看见一个富有秩序感的、令人安心的空间。这就好像我们出门遇见彩虹，心情一下子阳光起来。

每个清晨，请让自己投身在有序的、温暖的、舒服的环境中。当你的身体处在一种放松的状态时，你就不会想要抱怨，也不易产生焦虑。

3. “下载”你的一天

把自己的身体丢在床上，用舒服的姿势平躺，脑海里像过电影一般回忆你的一天：遇到哪些值得感谢的人和事？遇到哪些困难还没有解决？想一想明早的行装、早餐和出门需带的物品。如果发现有问题没有想通，不用过分焦虑，相信睡眠时神经会帮你加工处理这些信息。

完全没有睡意的时候，可以有意识地放缓呼吸。呼吸是连接意识和潜意识的通道，可以带领我们进入潜意识中。

愿你天天好梦。

小贴士：3 个有意识地放缓呼吸的方法

1. 基础的腹式呼吸法

平躺在床上，

找一本有重量感的书，放在腹部。

吸气时，将书顶起来。

呼气时，让书落下去。

正是这样看起来有些夸张的练习，可以让你立刻掌握腹式呼吸的诀窍。

2. 扫描呼吸法

吸气时，想象空气的能量，从你的头顶进入，直到你的骨盆。

呼气时，空气的能量继续往下走，从你的脚尖发散出来。

借助一呼一吸，你在不断扫描自己的全身。

时间久了，你就可以做到无论何时，都保持一种平和安定的状态。

3. 花蕾呼吸法

吸气时，感受能量从头顶、指尖、脚尖，向肚脐汇聚。

呼气时，感受能量从肚脐，向头顶、指尖、脚尖发散。

吸的时候，是能量的聚集收缩。

呼的时候，是能量的调和扩散。

把自己想象成花蕾，时而收缩，时而打开。

吸气时，注意力放在你的心上。

呼气时，注意力散布全身。

以上 3 个方法，由身心治疗师、国家二级心理咨询师许鹏老师提供。

Chapt

er.03

第三章

心灵滋养

为自己搭建一座城堡

01 心动整理

富士的照片打印机，是我的心动之物。我喜欢拍摄晚霞的照片，并在第一时间打印出来，就好像这满天霞光专属于我。

在第一章中，我提到近年来对我影响很大的心动整理。

2013 年，我阅读《怦然心动的人生整理魔法》，它让我人生第一次对“整理”这个词产生心动的感觉。2015 年 8 月 8 日，我在公众号发表文章《欧美人都开始晒家了，起因竟是她》，1 周内获得 83 万阅读量，粉丝数量从原本的 1 500 人暴涨到 30 000 人。很显然，2 万多人因为心动整理而心动。

2017 年，可能是近藤麻理惠本人感受到我的心念，她的团队工作人员联系我，邀请我对她进行一次独家专访。

在这次访问中，我请她定义“心动的感觉”。

她说：“这是一种被吸引的感觉。不知为什么，就是好喜欢。”

我记得，整个采访当中，这位“心动派教主”说了一句有意思的话：“选择让你心动的事物，问自己：你觉得愉快吗？和它在一起幸福吗？这个思考模式，不仅可以用来整理物品，还可以用来找伴侣。”

我曾看过一组早期公布的数据：近藤麻理惠上门指导的女客户，平均拥有 160 件上衣，经心动整理后，只剩 40 件左右，衣橱 3/4 的空间被释放出来。每件经过精心挑选的衣服，都将被温柔对待。

7 年前，为了拯救屡屡塞爆的衣橱，我开始了心动整理。

从衣橱、书柜、纸质文件、化妆品、厨房杂物，再到照片、信件、纪念品等，我准确地按照近藤麻理惠指导的顺序，分类整理。奇迹般地，带着愉悦的心情，我完成了全屋的心动整理。

周遭所有的一切，都是自己精挑细选留下的心动之物。这种感觉，真是好极了！

如果你感觉自己的人生失序，我建议你尽早来一场心动整理。经常有人问我：这个看起来有些幼稚到可笑的整理方法，究竟有什么魅力？

我想，最重要的原因是它可以激发你心底的那份柔情。年龄越大，越会意识到，心里的东西，才是最重要的。

你多久没有心动的感觉了？几年前，近藤麻理惠在谷歌的演讲中，一改往日温柔甜美的邻家萌妹形象，身着白色硬挺西服，语速飞快，语气干练，像一个霸道女总裁。但一讲到“心动的感觉”时，她闭上双眼，触摸自己的书籍，嘴角露出微笑。对，这就是心动。

善待我们的衣物，用手抚平，把衣物折叠成寿司的形状，竖起来收入抽屉，本身就是一件具有疗愈性的事。因为我们可能从未如此专注地对待平日里感觉习以为常的小物。

对每一件物品进行心动判断的时候，我们一次又一次相信身体的感觉。

近藤麻理惠强调需要对所有为自己服务过的物品说出感谢，这看起来有些不可思议，其实是在对我们之前的人生说感谢。当我们扔掉不心动的物品时，我们没有瞧不起它们，不是“除之而后快”，这代表着我们全然接纳和包容了自己过去的人生。

专注于日常小事，相信身体的感觉，对过去表示感谢，才能对未来心动。这些是我从心动整理里学到的。

愿你每天都能被喜爱的事物围绕。

小贴士：内心安宁是心动的前提

进行心动整理之后，我曾想要时时刻刻都活在心动之中，后来发现事不遂人愿，不免沮丧起来。直到有一日，我在家乡浙江余姚阳明山上的一间寺庙里读到这句慧语“不轻易起心动念，心宁则万物皆得”，豁然开朗。

我是这样理解这句话的：

1. 从容自若，是心动的前提。

2. 只有不断学习让内心安宁，才能更好地感受心动。

3. 怀抱一颗平常心，你才有可能让别人心动。

给你滋养力的名言短句：

即使以为自己的感情已经干涸得无法给予，也总会有一个时刻，一样东西能拨动心灵深处的弦，我们毕竟并不是生来就享受孤独的。

——［哥伦比亚］加西亚·马尔克斯《百年孤独》

记忆是一位带有太多偏见和情绪的编辑，常自作主张地留下它所喜欢的东西。

——［英］彼得·梅尔《重返普罗旺斯》

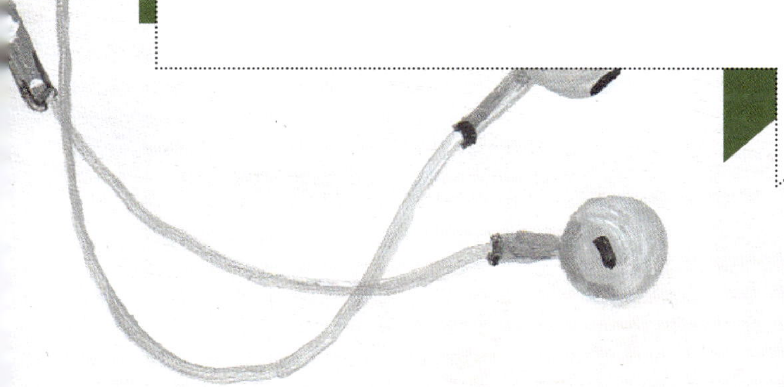

02

散步冥想

普通的冥想让人进入“无”的境地，散步冥想则让人的心涌起暖意。

相比追求心动，内心的平静则更需要修炼。

我尝试过很多方法：

比如在城市里漫无目的地徒步，不设路线，不设终点，让自己变身城市探险家，欣赏更多沿途好风景。

比如把自己投身于植物园，脱去袜子，赤脚漫步青草地，以“接地气”的方式，感受自然。

比如做瑜伽前唱诵 3 声“OM”。“OM”看起来只是寻常的 2 个英文字母，听起来也只是简单的声音，但在瑜伽的世界里，它代表着“万物创造的源头”，是所有唱诵中最有力量、最能抚慰人心的。当你唱诵“OM”的时候，声音的频率和身体会产生共振，体内的能量也会随之被激发出来。

用双脚丈量这座城市，或是安静冥想，一动一静，我从未想到两者能被结合到一起，呈现出“1+1 ＞ 2”的疗愈效果。

我是从美国漫画作家、美国艾斯纳大奖提名者汤姆·哈特（Tom Hart）撰写的《你像一道闪电，划过我生命中最黑暗的夜晚》一书中认识到“散步冥想”这个概念的。这本书光看书名，就会给人一种阴郁的感觉，内容也的确如此。作者用黑白漫画讲述了自己现实生活中的重大人生变故：2 岁的女儿在睡梦中猝死。哈特夫妇尝试了无数方法，都无法消解痛苦。他们使用的一个方法是“散步冥想”，即走路时，迈出左脚时心中默念“你好”，迈出右脚时心中默念“谢谢”，循环往复。

虽然这本书的作者最终并没有因为这个方法走出女儿离世的阴霾，但我却默默记下了这个在书里只出现了小半页的方法，并且开始尝试起来。

我第一次实践散步冥想，就在我家客厅。走了几分钟，脑海开始浮现一个个人的身影，有亲人，有朋友，我发现我平常太过关注自己，忽略了身边很多关心我、守护我的人，没有投入足够的精力在他们身上……

当天我走到大约 20 分钟时，流泪了。压抑的情绪，一下子舒缓了。

这是我第一次切身感受冥想的魅力。

后来，我找到一行禅师的书籍。我发现，原来散步冥想属于他提倡的“正念练习”中的一种。

如果说，普通的冥想，是让各种杂念顺势流走，不把负面的事情留在脑中，进入“无”的境地，那么，散步冥想，则会激发大脑中的积极念头，让人看清现实中值得感谢的人和事物，内心涌动暖意。

每次散步冥想结束后，我都会发现“原来一切都已经够好了”。

每年的感恩节前夕，是散步冥想的最好时机。结束之后，用一张纸和一支笔，把散步冥想时大脑里出现的人统统写下来，在感恩节当天发送你的祝福，对他们表示感谢，带着满满的爱的能量，你将能进入被更多人祝福的下一年。

如果觉得不过瘾，可以在圣诞、除夕“加餐”，让散步冥想成为你送给自己的节日礼物。

小贴士：小工具带你进入冥想世界

1. 参照专业指示

很多科学研究证明，冥想可以改变脑电波，让人平静和放松。

几年前，看见《连线》杂志记者专题报道谷歌硅谷办公室，很多员工竟然把冥想当作一门重要的课程。谷歌人把这门课称作“搜索内在的自己”，不仅用这门课训练把注意力集中在当下，还把它当作情绪管理和领导力训练工具。

如果想要深度学习，建议你寻找一些专业指引。

我自己使用的是 Headspace 这个 APP。它的图标是一个橙红色大圆圈，里面有充满童趣、风格活泼的动画指导以及分阶段的语音指引，帮助一个入门者进阶到高水平的冥想者。我目前使用的是免费版，可以试听多个英文版的冥想练习导引，推荐给你。

2. 听从身体指引

我喜欢在家中冥想，为此我特意定制了一条印有我名字的瑜伽垫，让我和地面来一场最亲密的接触。每当我坐在瑜伽垫上，都会觉得全身得到了放松，散乱的思绪也沉寂了下来，再戴上眼罩，一下子就进入了只属于我的世界。

每次当我做重大决定前，我都会依照我身体的指令，在冥想中寻找决定。

03 用蓝牙音箱布置家庭咖啡馆

蓝牙音箱不仅可以带来醉人的音乐，

还可以帮助你“外星孵梦”。

家，是女人的城堡。

我的家，不仅是我的生活居所，还是我的工作场所。我曾一度喜欢去咖啡馆工作，而如今，我则更愿意待在家里。远离周遭吵闹的人群，我置身于属于我的星球上。这颗充满创作力的星球里，不可缺少的就是音乐。

我常用的蓝牙音箱，是陪伴我多年的 Big Jambox。和近年的人气品牌相比，它已经不再时髦，但是它陪伴了我 6 年的时光，彼此已是熟悉的朋友。它是一个大红色的长方形盒子，体形小巧，能量却一点也不小。每天写作时，我会在它身旁的电视柜台面，播放背景音乐。创作之流，跟着音乐流出来。我还有一个迷你的小音箱，它是柔和的绿色，就像我的一个小宠物，我走到哪里，都愿意带着它。

作为一个以写作为生的人，思维枯竭是常事。我的做法是闭上眼睛，整个人倒向地毯上的懒人沙发，耳边播放巴赫或是维瓦尔第的古典音乐。我在高中时读过《超级快速阅读》这本书，作者克里斯蒂安·格吕宁提到“音乐可以改变人类的脑电波”。

他说，几乎所有巴洛克时期的慢板或者柔板乐曲的速度和节奏，都至少能够在一段时间里引导我们的大脑进入 α 波状态。当脑电波振频处在 α 波区间时，人类的大脑最易轻松接受新知识。

他推荐科雷利、巴赫、亨德尔、维瓦尔第的一些作品。比如，巴赫的《哥德堡变奏曲》咏叹调、《F 小调第五号钢琴协奏曲》柔板乐章、《F大调大提琴协奏曲》柔板乐章、《D大调第三号管弦组曲》，维瓦尔第的《小提琴协奏曲——四季·冬》柔板乐章、《D大调吉他协奏曲》柔板乐章等。我按照他书中的推荐清单，找到部分曲目，并做了些拓展。我发现自己最喜欢的曲子是格伦·古尔德（Glenn Gould）版本的《巴赫二十四平均律》，当初听到前奏就喜欢上了。我说不出它为什么好听，也不愿追问。我的直觉告诉我，心喜欢，就足够了。

独处时难免感到孤单。此时聆听触动心弦的乐曲最为合适。藏在记忆里的曲子是日本松谷卓作曲的《TAKUMI / 匠 》。10年前，第一次看日本人气家居改造节目《超级全能住宅改造王》，每当被改造房屋的屋主回到焕然一新的居所时，节目里就会响起这首歌，画面里随之出现一个兴奋到手舞足蹈的屋主，或是激动到流泪的屋主，或是惊讶到完全认不出这是自己家的屋主……每每听到这首歌，我的脑中都会浮现出幸福的画面。

这些年，举办线下读者见面会或是整理收纳讲座时，我常会带上蓝牙音箱，在现场播放陈洁仪的《心动》。陈洁仪浑厚又充满能量的嗓音，好像能把心动唱进我的身体。

台湾“文案天后”、身心灵导师李欣频曾在一节她的线上课里提到“外星孵梦法”：选择1—2首歌曲播放，想象自己进入外太空，来到一个只属于你一个人的星球，你在这个星球上尽情创造，完全不会被外界干扰。她解释这个方法的原理是“音乐定频”。

我自己在撰写本书时，就使用了“外星孵梦法”。我选择了一首在咖啡馆里偶然听到的舒缓慢歌——*You've Got the Kind of Nerve I Like*。在女歌手的浅唱低吟中，我感觉到慵懒、浪漫和温暖。这正是我希望这本书带给大家的感觉。

点上香熏蜡烛，播放 *You've Got the Kind of Nerve I Like*，我仿佛来到另一个星球。在这个星球上，时空是静止的。所有的家人、同事、朋友离开我几百万光年。我在一缕阳光的照射下，在键盘上飞快打出文字，好像是从天上下载灵感，一气呵成，快乐无比。

小贴士：把蓝牙音箱列入心动物品清单

“第 1 整理术”公众号曾推出过一个名为“心动七件”的专栏，向读者征集最令他们心动的 7 件居家好物。我发现一个有趣的现象：超过一半的人会把蓝牙音箱或蓝牙耳机列入其中。

插画师西西卡告诉我，她喜欢在作画时播放音乐。

早餐博主 Rabby 兔则把一款网红音箱作为自己坚持做高颜值早餐 1000 天的奖励。

如果你已经到了音乐“发烧友”级别，可以选择更专业的音箱设备。我的一位文艺女中年好友曾经用在中国自然博物馆做讲座时获得的一笔酬劳，买下一台 CD 机当作礼物，送给自己。每天清晨，她会播放自己喜欢的古典音乐，或儿子喜欢的各种知识类故事，迎接新的一天。

每天清晨，有音乐唤醒，我们或许能更舒服地迎接各种挑战吧。

我的心动歌单

1. 舒缓柔和的老歌类：适合晨醒、睡前和做家务的时候听

Yesterday Once More 卡朋特乐队

Seasons in the Sun 西城男孩

My Love 西城男孩

500 Miles 纯真使命乐团

Imagine 约翰 · 列侬

Vincent 唐 · 麦克莱思

Free Loop 丹尼尔 · 波特

You're Beautiful 詹姆斯 · 布朗特

《心动》 陈洁仪

《陪我看日出》 蔡淳佳

2. 咖啡厅音乐类：适合在喝下午茶或是寻找灵感时听，在家办公时也可当背景音乐

Angel 莎拉 · 麦克拉克兰

Desperado 老鹰乐队

Stand by Your Man 卡拉 · 布吕尼

Long Lost Penpal 你好，萨福里德

04 自由书写

喜欢自由书写的理由是，它可以唤出身体里最真实的自己。

大学毕业后，写作一直是我的工作，也是我最大的休闲娱乐活动。

22—30 岁，我通过写作，洞察他人的人生。

回看那段经历，我的工作是每天与这些有趣的灵魂对话。遗憾的是，与采访对象相比，我显得那么微不足道。我习惯把自己藏起，甚至压抑内在的感受。但每当我全身心投入某个特写报道时，我常会忘了自己是谁。

30 岁时，我阅读了松浦弥太郎的《日日 100》。当时还没有简体中文版，我因喜欢“记录 100 件美好日用品”的理念而买了繁体中文版。

我参照《日日 100》，写我自己的心动笔记。我花了 20 天，写下身边给自己赋能又觉得有话可说的 20 件物品，其中有一件物品就是《断舍离》这本书。这些文字，至今留着，虽已是 5 年前所写的了，重读仍觉有趣。

从此之后，我开始尝试，在闲暇时刻，为自己而写。

有时是命题作文。我曾参加过一位居住在大理的女摄影师的线上写作营。每天的命题都很“痛”，扒开自己不愿直面的经历，自舔伤口，自省自觉。微信群禁止一切闲言碎语。除每周一开放讨论外，其余6天只能上传写作练习。在不断体察自我的同时，我学习默默观察别人，不做评论，也不期待别人的肯定。我尝试让自己安定，带着静默的力量，回到日常。

说实话，那个持续60天的写作营，我没有坚持到底。我觉得带领人给予我的命题太“苦”，太消极。但我还是因此爱上了那种写到骨子里的快感。这种酣畅淋漓的感觉，很难用语言形容。

后来，我看了美国作家娜塔莉·戈德堡的《写出我心》，才恍然大悟，原来世界上有一种叫作“自由书写”的表达形式，只需最普通的一张纸、一支笔，加上你的想法，就可以解决问题。

如果你也打算尝试一回自由书写，请记得以下规则：

无论是用笔书写还是用键盘打字，让手不停地去写；

不要在乎错别字；

不要删除之前写的字；

不要边写边回看。

不去控制自己，不去评价自己，大脑会在无拘无束的状态下，给你惊喜。

每一年，我都会为自己布置一些特定的主题，有些写给自己看，有些则大胆拿出分享。

2017 年，在我写给自己的“100 封秘密情书”中，我不断重复告诉自己，做一个爱自己的女人，这是令生活安心的基础。

2018 年，我开始撰写“身心愉悦笔记”，我把令自己身心愉悦的小事收集起来，写成故事。它们也是《日日滋养：365 天爱自己的生活良方》这本书的雏形。

2019 年，我和心理咨询师、身心治疗师许鹏合作推出“36 个放松方式”专栏。每周我们相约半天，在咖啡馆自由表达让自己身心放松的小技巧、小方法，相互补充，并找到心理学里对应的理论基础。我们用手机的录音功能，录下思维碰撞的火花，梳理成文。这是另一种形式的自由书写。我们记录转瞬即逝的灵感，将它们变成具有启发性的知识沉淀。

我发现，自由书写让我的生活变得鲜活。我很喜欢娜塔莉·戈德堡在《写出我心》的序言里说的一句话：“写作是一条小径，让我们得以和自己相逢、相知、相守。”

2020 年，我和日本整理收纳咨询师池田惠美联合推出 5 堂生命思考整理课。我和学员讨论：终有一日，我们都会离开这个世界，你想要如何被记得?

我自己的答案是：文字就像小精灵，具有生命。文字里藏着我的梦想、我的期待以及关于我的一切。如果你想记得我，就让我的文字说给你听。

如果你想动手写一写，请翻到本书的最后一页吧。

小贴士：给自由书写入门者的 5 个题目

如果你想要开始自由书写的旅程，我想分享几个有趣的题目。你可以随机挑一个，也可以完全抛弃这些题目，自由书写。

记得相信你的初始信念，它会带你去想去的地方。

1. 给 5 年后的自己，写一封信。

2. 想象自己坐上时光机，一瞬间抵达今年年末。回顾这一年，你觉得最骄傲的 3—5 件事是什么？从工作、情感、个人成长的角度谈一谈。

3. 撰写你的心动笔记。利用心动整理法，找到你的“心动七件”，写下你的心动理由。

4. 通过散步冥想的方式，梳理生命中重要的人和帮助过自己的人，写下对他们的感谢之语。

5. 写下自己的日日滋养笔记，把它当作你的生活赋能手册。

05 一念之转

抗疫宅家期间，我迷上了画彩铅画，

用跃然于纸上的动物，化解疫情带来的忧愁。

2020 年农历新年，新型冠状病毒肺炎疫情暴发之时，我在家用手机刷微博，一则发生在叙利亚的新闻吸引了我的注意。

一个 3 岁的圆乎乎的卷发女孩萨瓦尔依偎在爸爸身边，两个人用笑声“对抗”炸弹的声音。萨瓦尔一家的住所附近时常遭炸弹袭击，在短短 1 分钟内，就可能有好几枚炸弹落下。每次炸弹发出巨响时，父女俩都哈哈大笑。原来，这位父亲为了避免孩子留下心理阴影，告诉她炸弹是烟花和玩具枪，并相约在炸弹落下时一起大笑。

这个真实版《美丽人生》的故事，让我想到了拜伦·凯蒂的一本书《一念之转》。

如果事实无法改变，是否可以转变面对它的态度？

当我们利用“一念之转”时，则可以像这位父亲一样，在苦涩的现实中品尝甘甜。

没有“一念之转”的思维，在 2020 年开头的几个月内，你可能会沉浸在痛苦、悲伤、愤怒的情绪中；而拥有“一念之转”思维的人，则会在这场对全人类的考验中找到积极的力量。

我的一位朋友筠庭（Jennifer）告诉我，她看到一位武汉朋友发的朋友圈，说结束了 14 天隔离，家中小孩因为太感动了，一定要跟难得买到的面包合照。因为这次疫情，她意识到平常生活的可贵，原来以前说走即走的旅行，跟朋友喝下午茶，带小孩出去散步，随心所欲地吃东西等，都是很可贵的。

宅家闭关静思的每天清晨，她会拉开窗帘，伸个懒腰，微笑着看着外面的天空，心中默念“感谢上苍让我拥有健康的身体，看得到，听得到。感谢上苍给我美好的一天”，并在脑海里想象美好的画面。有时候眼睛不舒服，就感谢眼睛替自己工作，并表达自己对眼睛的爱与愧疚。

当我们处于情绪低谷时，如果可以在大脑里装一个“负正辞典”，就可以瞬间调整频率。

日本著名节目策划人、剧作家小山熏堂在《不要成为无聊的大人》这本书里提到日本有一个APP——负正辞典，只要输入一个令人不悦的负面词语，就会跳出一个正面积极的解释。

举例来说，如果你被人说是“胆小鬼”，内心一定不快乐，但在“负正辞典”里，“胆小鬼”的释义是“细腻、深思熟虑、能贴近他人心扉的人”。如果被自己喜欢的人说“你真窝囊”，肯定很郁闷，但翻开“负正辞典”，里面的解释是“努力挖掘事物真相，深思熟虑后方才行动，不随波逐流，无论被旁人如何煽动，也不改变自己的意志”。

我不知道这个源于日本的“负正辞典”是否终会传入中国，但这一点也不重要。因为如果我们能够多用“一念之转”来思考，许多问题都能迎刃而解。

思考问题时，不再过度关注消极面，急于“补短”，自我谴责，而是把目光聚焦于积极面上，扬长避短，自我激励。这样一来，你一定会变成一个更快乐的人。

小贴士：换个视角看世界

1. 闭上眼睛感受生活。

2. 用左手写字、画画。

3. 倒着走。

4. 体验浮潜、深潜。

5. 仰望星空。

6. 下蹲到孩子的高度，或者匍匐到宠物的高度看世界。

7. 荡秋千。

8. 躺在吊床上仰望天空。

9. 带上 VR 眼镜。

10. 剪一个你从来不敢尝试的新发型。

11. 想象《死亡诗社》中学生效仿老师，站上课桌的场景，瞬间完成角色切换。

12. 尝试“曼陀罗淋浴法”：每天清晨洗澡，从双脚开始，从下往上清洁身体各个部位，最后才是头部。

以上内容来自我的灵感以及好朋友们的建议。

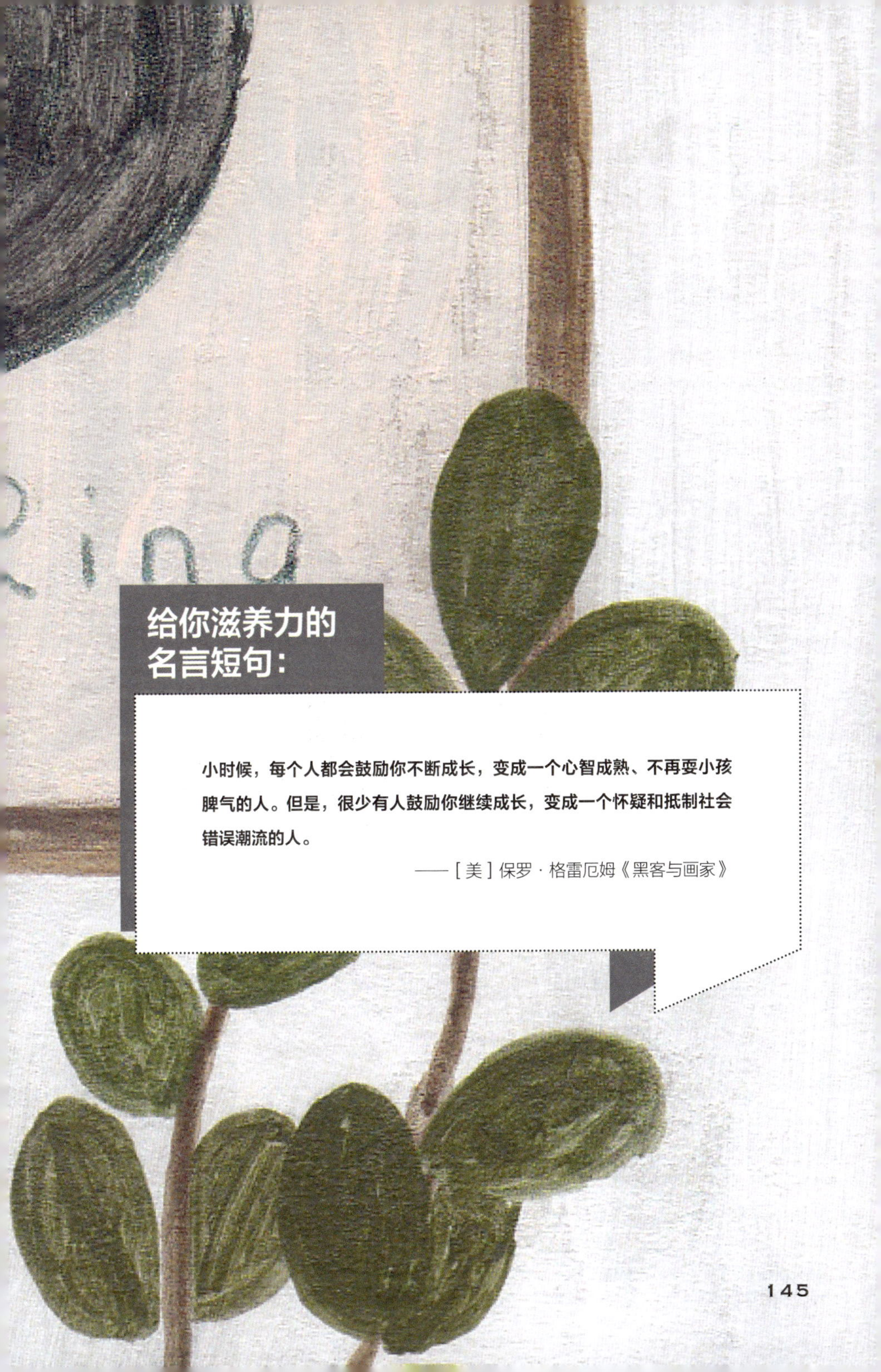

给你滋养力的名言短句：

小时候，每个人都会鼓励你不断成长，变成一个心智成熟、不再耍小孩脾气的人。但是，很少有人鼓励你继续成长，变成一个怀疑和抵制社会错误潮流的人。

——［美］保罗·格雷厄姆《黑客与画家》

06 自我激励

每年年初给自己列一份快乐清单，

年末对照清单，总结你的年度快乐指数。

2020 年初，因为新冠肺炎疫情，我有大约 3 个月没有跑步。

直到 4 月初，我才开始恢复每天跑步 40 分钟。一开始，40 分钟对我来说，真的太长了，我跑跑停停，勉强跑完 4 公里。我用运动手环记录成果。“怎么才跑了 4.04 公里？真是蜗牛的速度啊。”看到手环屏幕显示的公里数，我有些自怨自怜。长按结束按钮时，显示屏会自动切换到下一个画面：2 面交叉的旗帜，下面显示 1 行中文“好样的”。这个鼓励，十分暖心，“好样的”代表我又一次的坚持。看到这句话的一瞬间，我的心情就变好了。

其实，除了借助运动手环这类外物激励自己外，我发现，让自己振作起来的最佳方式，是自我激励。

当情绪处于低谷时，总希望有些自带光环的东西出现，帮助自己重新振作起来，重燃生活的希望。

我总结了几件日常很轻松就可以做到的小事。它们不一定对你完全奏效，但是不妨按照这个思路，去寻找对你自己最有效的方法吧。

自我激励的第一件小事：从“头”开始。

2019 年春天，我意识到自己好像一只冬眠许久刚苏醒的笨拙狗熊，准备出山洞了。想到的第一件事，就是去打理头发。走进理发店，几个月来第一次仔仔细细端详，发现头发早已“黑黄不接”——一半枯黄，一半乌黑。

我一边反思那段时光过得匆忙，时间管理和自律都出了很大的问题，一边暗下“改头换面”的决心。

从“头”开始，换一个新发型，换一种新活法。

那是我第一次染冷茶色。之前，我总是青睐偏棕红的染发剂，纯粹是因为自己对这个颜色心动。但发型师建议，我的皮肤不适合偏红的颜色。茶色，接近褐色，处于红和黄之间，更能衬托我的肤色。

结果，周围朋友几乎都称赞这个颜色不错。

打理头发的过程，好像在为人生按下“重启键”。紧接着，蝴蝶效应魔法逐渐被身体感知。整个人的状态，从头发，到大脑，再到心灵，原本淤堵的关卡，好像一一被疏通。

自我激励的第二件小事：朗读能量小诗。

在阅读书籍的时候，经常会发现一些令你深有共鸣的文字。把它们抄录下，反复诵读，会令人精神振奋。如果文字中带有积极的自我暗示，效果更佳。

我在看《优雅太太教我的事》这本书时，被巴黎女人毫不费力的时髦打动。我想活得和她们一样随心惬意。我从书中抄录了一首有效自我肯定的小诗，每当产生自我否定的念头时，我就会读一读：

我生机勃勃，健康，又充满活力。
我美丽动人。
我是冷静、有耐心的人。
今天我要品味平时不注意的小事。
今天我会让家变得更漂亮。
今天我会选择吃健康的食品……
不管今天发生什么，我都会保持内心的平静。
我可以改变世界，一切都很好。

你可以选择直接读诗人的作品，或是在图书馆随意翻翻，找到你喜欢的文字。几天前，我在上海南昌路的一家图书馆读到《瓦尔登湖》封底的一段话：

让我们像大自然那样从容地度过一天，
在前行的途中，不要因纤芥之微而改变初衷；
让我们早早起床，用或不用早餐，
都优雅从容而无丝毫不安；
任熙熙攘攘，人往人来，
由钟声呜呜，孩子哭喊，决意过好每一天。

当你读这段文字时，是否会和我一样，感觉如春风拂面呢？

自我激励的第三件小事：罗列你的快乐清单。

梦想清单的关键，是达成所愿。

快乐清单的关键，则是享受过程。

参加约会，交个朋友，养只宠物，找个人一起跨年倒数，做小时候爱做的事，阅读一本喜欢的书……在电影《哈佛没有教的幸福课》中，快乐是让智商185却没有体会到人际关系“高处不胜寒”的哈佛天才少女凯莉走出去，建立更丰富的社交网络。

大笑到肚子疼，微笑，放松，到外面去玩，给某人一个大大的拥抱，吃更多的冰激凌，出去骑单车，让自己的脚趾之间充满沙子……丹麦小学生的暑假作业清单里，快乐是做那样平常到令人不屑一顾的小事。

读书、谈心、静卧、晒太阳、小饮、种地、听音乐、赏书画、散步、活动，宋代养生大家陈直提出的“人生十乐”，多是日常生活中容易获得的快乐。

快乐不是刻意寻找来的，而是因感受到而来的。所以请抱着轻松的心态，书写你的快乐清单。

小贴士：创造你的“自我激励咒语”

起床后，对着镜子，大声说出 3 声“你是最棒的”。这么做虽然看起来有点傻气，却能潜移默化地产生鼓舞士气的作用。在心生迷茫时，大喊一声“哈”，或是用鼻子和嘴一起发力，发出一声“哼”，将内心所有的不畅倾吐而出，人就会感觉轻松不少。

在撰写《日日滋养：365 天爱自己的生活良方》这本书的时候，我也会在独处时念上面这些“咒语”。

给你滋养力的名言短句：

“跟我念句话，孩子你是最棒的。重重重复这句话，孩子你是最棒的。一起跟我念句话，孩子你是最棒的。”

—— 歌曲《别人家的小孩》

07 构建家庭界限感

我送给妈妈的一对杯子，寓意眼开眼闭，笑对人生。

几年前，痴迷断舍离的我，趁着父母外出旅行，跑去他们家整理收拾。我发现一只长出一块黑斑的水晶玻璃盘，不管怎么努力擦拭，都无法恢复水晶玻璃原本的晶莹剔透，于是，就随手扔了。没想到，父亲回来后勃然大怒。他说这只盘子是他的好友多年前从外国带回的礼物，当时价值 3000 元。

我眼中的垃圾，却是家人心中的宝贝。这是我第一次意识到“家庭界限感”的重要。

后来我有机会采访“断舍离女王”山下英子。她坦白自己也曾因“家庭界限感”的问题犯过错。在儿子 16 岁时，她未经同意扔掉了他的一些漫画书，这让如今 30 多岁的儿子仍心有余悸。

我想，每个人都希望拥有心中的理想小家，但一味固执己见，损害家庭成员的感情，就得不偿失了。如果全家人能坐下来，把家庭边界商量清晰，就可以避免很多麻烦。

我曾做过一个有 142 位网友参与的网络调查：你觉得自己生活在一个有界限感的家庭中吗？

16.2% 的网友表示“我的家界限清晰”；

45.07% 的网友表示“我的家界限模糊”；

17.6% 的网友表示“一言难尽”；

21.13% 的网友表示“没有考虑界限感这个问题”。

原来好多人都和曾经的我一样，没有清晰的家庭边界。我根据日本整理达人、“扔东西的狂魔”、日剧《我的家空无一物》原型缓莉舞的经验，以及我对“第1整理术”自媒体平台上整理达人的观察，梳理出以下方法：

1. 划分出家的公共区域和私人区域

公共区域只能摆放公共物品；私人物品一旦用完，就拿回私人领地。

缓莉舞就是用这个方法保持家里的客厅是一个空荡荡的状态。因为客厅物品实在太少，空到极限，最开始家里人很不习惯地度过了整个夏天。但后来发现房间空了，通风也变好了，视野也变得更开阔了，大家就开始默默遵守“公共区域带走私人物品”的制度。家里对客厅最满意的，是缓莉舞的先生。电视机前面什么都没摆，可以在地板上铺垫子，躺着看电视或者做力量训练。客厅没有沙发，走动也变得更加自如。

2. 重点区域需要指定一位责任人

厨房是料理全家饮食的重要场所，各类厨具和食材都是必备品。在这个区域指定一位责任人，由他全权统筹安排，就可以避免矛盾产生。

缓莉舞家的厨房，仍像搬入前的状态。之所以可以做到这一点，是因为在装潢设计的阶段，她就决定“要把所有厨房家电藏起来”，因此厨房的橱柜皆为能够收纳家电的设计。然而，缓莉舞的计划，曾遭家人极力反对，理由是“电器摆外面比较方便”，最后双方达成“协议”：电器用完可以直接摆着，由缓莉舞负责收回去。这样一来，对家人而言，只有把电器拿出来的时候才不方便。

3. 把家人的私人区域，视作“邻居的家”

这是一位居住在北京的整理达人“等待温暖的小狐狸”给我的启发。她和老公曾经有严重的“囤积症”。在有了宝宝后，她迷上断舍离，决定给宝宝一个健康干净的成长环境。

她开始为家做规划。客厅属于公共空间，不能摆放任何私人物品。而家中十几平方米的书房，则归为先生的私人领地，再怎么混乱，她也不加干涉。其实她并非没有做过努力。她曾亲手为先生收拾过2次书桌，结果保持没多久，就恢复到乱糟糟的状态。再过一阵，整个书房变得几乎没有下脚的地方。她说：“我把那个空间，看作‘邻居的家’，我有什么好生气的呢？”

4. 理解“家人是他人”

我在《断舍离：让女人找回纯粹的自己》一书中看到“家人是他人”这个令人耳目一新的观念。

作者山下英子指出，很多人认为“家人不是外人”“外人是指自己以外的人”，进而得出“家人就是自己”这种荒谬的结论。

然而，家人虽然不是外人，但却是和自己不同的人。如果把自己的价值观强加于他人，要求家人按照自己的意愿生活，轻飘飘地说一句“都是一家人嘛，这是理所当然的”，会让家人因此背负巨大的心理压力。

5. 与其改造家人，不如改变自己

在整理这件事上，方法比天赋更重要。

对于擅长整理的人来说，如果自觉高人一等，也会成为一种牵绊。索性把自己看书或听课的所学，在与家人聊天时，口述给他们听，不仅自己可以牢固掌握知识，还可以潜移默化地影响家人。

不要让自己成为给人沉重压迫感的人。只要抱持“与其改造家人，不如改变自己”的心态，就可以让自己和家人都轻松起来。

身为整理收纳文化的研究者，我越发觉得，整理家的空间，其实是在整理家庭关系。每个人，都很难独善其身。私密与融洽如何能共存？个人与公共空间的边界如何设定？整理会不会伤了家人的心？

度的把握，才是难点。

确立自己的边界，同时尊重别人的边界，是美好家庭生活的开始，也是每个人的必修课。

小贴士：梳理界限感，从整理你的私人物品开始

1. 请先把属于你自己的小天地整理好，包括衣服、书籍、文件、杂物、纪念收藏品等。

2. 等把自己的私人物品整理完毕后，建议和全家人一起讨论公共物品的收纳场所，为它们找到最合理、最顺手的摆放位置。

3. 玄关常见的公共物品包括：钥匙、雨伞、拆快递的剪刀、鞋子护理工具、户外用品、孩子的球类用品、卫生防疫用品等。

4. 客厅常见的公共物品包括：书籍、保修说明书和发票、住宅相关的文件、孩子相关的文件、装饰品、纪念品、饮料、零食、药品、文具、电线、玩具、卷纸、抽纸、家政清洁工具、别人送的礼物等。

5. 在与家人交流的过程中，你将了解更多他们的生活习惯，促进温暖的爱意流动。

08 与宠物对话

在狗狗的世界里，主人是它唯一的朋友。

图中是我的爱犬——已经 2 岁的博美犬小欢。

自从饲养了博美犬小欢之后，我的世界里，多了一个忠诚的陪伴者。每天我和它待在一起的时间，比和任何一个人在一起的时间都要多。我们的亲密关系，还将维持 15—20 年。

这是一份充满安全感的爱。在狗狗的世界里，你是它唯一的朋友。这让人不禁想把自己更多的爱都给它。

小成本国产片《忠爱无言》讲述中国农村背景下的一段真实的人狗情缘。狗狗不会因为主人高位截瘫而放弃跟随他。电影最后，主人动容地说："狗除了不会说话，还有哪点比人差？"

我喜欢和狗狗说话。它能听懂多少并不重要。我喜欢欣赏它歪着脑袋，竖起耳朵，眼睛直直望着我的样子，好像一个勤奋好学的一年级小学生，努力把老师的教诲一字一句刻在脑中。

我喜欢和狗狗眼神交流。每当我这么做时，它会学我的样子，努力睁大眼睛望着我。我从 2 颗大而圆的眼珠里，看见自己。我发现，它的眼中只有我。

据说狗狗在极度渴望某个东西时，眼睛上面的一块小肌肉，会牵动眉毛内侧，使其高高扬起，露出小婴儿般的"无辜眼神"，"杀伤力"无敌，让人情不自禁搂它入怀。

狗狗的深情凝视，藏着人与人日常对视中少有的真挚与坦诚，所以具有极大的滋养力，令人瞬间摆脱坏心情。

我喜欢抚摸小欢。它是一个长发飘飘的“美人儿”，摸起来，十分舒服。之前看过的一篇分析文章提到，华盛顿州立大学的学者经过研究发现，与动物进行10分钟互动，例如和猫狗玩耍或者出游的一组参与者，唾液的皮质醇水平显著低于其他组别。唾液的皮质醇水平代表着压力低。结果指出，抚摸动物10分钟，有助于缓解压力。

我用正面管教的方式，鼓励小欢成为我心目中更乖巧的狗狗。小欢就像我的孩子，每每看见浑身毛茸茸的它，在青草地上蹦蹦跳跳、转圈打滚，接受路人投来的善意目光时，我都会有种发自内心的愉悦。它快乐，所以我快乐。

小贴士：获得与饲养萌宠相同乐趣的 3 种方法

饲养宠物是一种使命。在它们的世界中你是全部。如果你不确定能够在 15—20 年中一直陪伴它们，或者一时之间没有办法饲养宠物，采用以下方法一样可以收获与饲养萌宠相同的乐趣。

1. 看电影

推荐影片包括《一条狗的使命》第一部和第二部、《导盲犬小 Q》、《小 Q》、《忠犬八公》美国版、《忠犬八公》日本版、《忠爱无言》、《我和狗狗的 12 个约定》。

2. 手绘小猫小狗

我在 2020 年伊始宅家闭关期间，画了 200 多只猫咪。通过画笔创作的时候，我会更仔细地观察和捕捉“喵星人”的神态，体会与它们虚拟相处的快乐。

3. 去宠物咖啡馆“撸猫吸狗”

如今一些城市的咖啡馆为动物爱好者提供了可以和店内宠物互动的服务。在爱彼迎（Airbnb）的“体验”服务里，也可以预订和当地人遛狗散步、喂养小兔子等趣味活动。

C h a p t

er.04

第四章

精神世界的滋养

做灵魂的摆渡人

01 找到初心

2012年拍摄于德国东部城市德累斯顿。在这座拥有“北方威尼斯”之称的美丽小镇，我找到了身心愉悦的快乐感受，并拍摄下这张街景图。

如果你发现自己对于某件事犹豫不决，身边的朋友可能会告诉你：找到初心。

那么，初心究竟是什么？应该如何寻找它？

我自己为找初心，着实费了工夫。好在真的找到了。

我花了 3.5 小时找到了它。灵感来源于美国励志导师史蒂夫·帕沃利那（Steve Pavilina）的一篇人气博文《如何在 20 分钟内找到人生目标》。

第一步，拿出一张白纸，在顶部写上“我的人生目标”。

第二步，清空你的大脑。把所有想到的答案，全部写上去。它可以是一个完整的句子，也可以是零星的关键词。总之，把大脑里跳出的答案统统写上去。你可以给每个想到的答案编号。

第三步，一直写写写，直到写出让你哭泣、震惊或心头一紧的那个答案。

第四步，分析所有触及你内心的答案，并把它们总结成你的人生目标。

我开始以为我会写出一个很长的答案，就好像史蒂夫·帕沃利那在博文中公开的自己的人生目标：自觉而勇敢地生活，与爱和同情心共鸣，唤醒别人伟大的灵魂，静静地离开这个世界。

结果，我的人生目标，只有 4 个字：身心愉悦。

说实话，整个探索的过程，内心并不愉快。我几度感觉已经精疲力竭，处在崩溃边缘，但还是没能写出令我哭泣的答案。其间，我产生过自我怀疑，想要放弃。好在结果令我满意。当我收获了人生目标后，我感觉找到了活在这个世界上最想做的事。

我喜欢做传播价值观的事。做自媒体，让我身心愉悦。

我青睐吃健康的食物。轻食生活让我身心愉悦。

我喜欢运动与阅读。因为它们令我身心愉悦。

当然，还有自由书写。

如果你想要尝试这个测试，我有一些小建议给你：

1. 不被时间束缚

不要相信20分钟就可以探索出你的答案。这个测试的发明人史蒂夫·帕沃利那虽然在标题里写着“20分钟”，但他的博文里提到，大部分人60分钟左右才找到答案。

2. 用远眺的视角来审视答案

把你的所有答案，写在一张纸上，或是一整页的电脑屏幕上，然后把纸或屏幕移到更远的距离，用远眺的视角，去观察整张纸或屏幕，找到最先跳入你眼帘的字眼，把它们组合成你的答案。

3. 发挥你的想象力

想象在你的人生旅途中，你最想看到什么样的风景，拥有什么样的旅伴，携带什么样的行李。让它们在大脑里成像，再用文字表达出来。

4. 写出你的遗愿清单

对于自己的人生来说，什么是最重要的？如果直接问自己这个问题，思绪会像满天飞舞的雪花，理不清楚头绪。不如反问自己：当我准备离开这个世界时，我不想留下怎样的遗憾呢？你可以把你想到的所有“这辈子不去做就会遗憾的事”写在纸上。

一旦找到人生目标，你就找到了初心。用它帮助自己做决定，一切都变得简单。

日常生活中，我也会有状态不好的时候。每当我感觉做什么都是错的时候，我会反思：做这件事本身，让我身心愉悦了吗？如果答案是否定的，我会考虑停止。比如我在写《日日滋养：365 天爱自己的生活良方》的书稿时，思路枯竭，依然提笔硬写，便毫无愉悦感可言。此时，我会告诉自己应该歇歇了，不然读者读到这里，一定也会觉得干巴巴，对你的痛苦感同身受。

看到这里，你可能会说：一个小小测试，居然对你有那么大的影响，几乎影响着你每一个决定？

的确如此。我觉得，最重要的事，只有一件。一旦找到它，就会获得强大的执行力。对我来说，找到初心就是最重要的一件事。

小贴士：这些 TED 演讲，会帮你找到生命的意义

我曾在网络上看过许多与死亡有关的 TED 和 TEDx 演讲，并给每个演讲做了笔记摘抄。我发现越深入研究与死亡相关的话题，我越愿意去直面这个话题，也越乐于谈论它。

在这里，我想推荐几个我收获最大的演讲。

1.《在死之前，我想……》（“Before I Die, I Want to……”）
演讲者坎迪·张（Candy Chang）抛给观众一道开放式的灵魂考题：在死之前，你最想做的一件事是什么？这道题目启发人们思考生命中最重要的人与事物。

2.《在你健康的时候，开始谈论死亡》（“Talk about Your Death While You're Still Healthy”）
演讲者米歇尔·诺克斯（Michelle Knox）是一位“生前整理”的倡导者。她认为，如果我们可以把讨论死亡当作日常生活的一部分，那么我们就是在给自己机会，反思我们的核心价值，并和我们爱的人一起分享。

3.《让我们来谈谈死亡》（“Let's Talk about Dying”）
澳大利亚重症监护室（ICU）医生彼得·索尔（Peter Saul）希望通过他的演讲，传递一个信息：你就是你，你是最重要的，直到你生命的最后一刻。

4.《艾米丽·莱文谈万物理论》（“Emily Levine's Theory of Everything”）

美国剧作家、喜剧演员艾米丽·莱文得了晚期肺癌。她给自己的建议是感激生活、和现实交朋友。艾米丽·莱文的幽默感，让演讲的每一分每一秒都充满欢乐，即便谈论死亡，也不会令人觉得悲伤。

给你滋养力的名言短句：

人生的意义是什么，也许永远没有答案，但也要尽情感受这种没有答案的人生。

——［英］弗吉尼亚·伍尔芙《达洛维夫人》

02 以书为友

每日睡前 30 分钟的阅读，让思维如天马行空，是最安心的“一日告别式”。

在大学毕业的几年后，我曾一度丢掉了阅读的习惯。

2015 年，我参加 “小能熊终生学习学院” 课程时，了解了创始人陈华伟的阅读时间规划：每天睡前看半小时 Kindle。Kindle 里面永远只保留 1 本书，读完再换下一本，这样的阅读效率最高。这个方法看起来简单、可持续，每天睡前由一位“陌生人”带你畅游新世界，感觉好像很不错。那年，恰好 30 岁的我，决定把每天睡前阅读 30 分钟，变成一种习惯。

建立自己的阅读系统，找到充足的养分补给源，才能让每晚的阅读兴趣保持下去。我向好朋友、在《外滩画报》工作时期的直属领导曾进老师请教。曾老师是一个十足的“读书控”，每年随手买书两三百本，工作 10 余年，家中藏书差不多有 3 000 本。

她分享给我 3 个“扔书的标准”：

第一，是否读完？永远不读的书，扔掉。无用、无趣不读的书，扔掉。
第二，是否可以重读？不能一读再读的书，只是快消品，读一遍后，扔掉。
第三，对个人是否有价值？这个价值包括回忆价值、梦想价值、精神价值和学习实用价值。买来的消遣类小说，全部扔掉；看后觉得内容一般，不会再阅读的书，全部扔掉；一时感兴趣，买来后看过几页就摆在书柜中的功能性学习的书，全部扔掉。

凡是符合上面提到的“扔掉”标准的书，统统扔掉（这里的扔掉，指的是赠予他人或是旧书回收，不是扔进垃圾桶的意思）。其他留下的书籍，按照“书籍卡路里”指标进行分类。

曾老师提出一个让我眼前一亮的观点：读书如同吃饭，每一种书籍都有不同的热量（营养价值）。营养价值高的书籍，需要一读再读，每年读 5—10 本即可。

我按照曾老师的建议，开始建立专属于自己的“书籍卡路里”指标。

主食类：

1. 与工作有关的书籍，比如整理收纳与家居美学类的书籍。

2. 自己感兴趣，希望深入研究的书籍，比如建筑设计以及与室内设计、软装相关的书籍。

3. 心理学以及与心灵成长相关的书籍。

高蛋白质类：

1. 经典的文学作品，比如诺贝尔文学奖得主的代表作。

2. 启发人生思考的哲学类、社科类经典书籍。

蔬菜类：

不成体系，但符合阅读爱好的书籍，比如时尚穿搭、名人传记、效率管理类书籍等。

水果类：

时髦的畅销书。

我把主食类和高蛋白质类书籍，摆放在书架上触手可及的位置；蔬菜类和水果类的书籍，多以图书馆借阅的方式代替购买。我发现一旦建立阅读系统后，选书变得有的放矢。我不再依赖书店的畅销书推荐榜，或是读书编辑的推荐，我会分析自己缺什么，需要补足什么。

我最喜欢的作者有 2 类：一类如同我的人生导师，用他们丰富的人生阅历，给予我醍醐灌顶的启发；另一类作者好像可以猜透我的心，说出我内心想说，却说不出来的话。

我相信，阅读可以让我找到生活中一切未解之谜的答案。

经常在家办公的我，在没有灵感的时候，常选择外出办公。我通常不会选择星巴克这类的连锁咖啡馆，而是选择书店里的咖啡馆，一来比较安静，二来有书香陪伴，更容易激发灵感。

这些年，我把发掘城市里好玩好逛的书店当作一大休闲爱好。如果未来有时间的话，我想在爱彼迎 APP 里发起一个“上海市中心书店半日游”的体验活动，把风格迥异的独立书店串联起来，作为打卡主角。它们多坐落于上海地标建筑的周围，稍不留神，就会将它们错过。不如挑选一天，来一场不同寻常的书香之旅吧！

小贴士：把书店当作景点去探索

如果你住在上海，或是来旅行、出差，我把这些书店推荐给你。它们值得被当作景点去探索。

1.1984 Bookstore

地址：上海湖南路 11 号
这是由 2 位广告人创办的独立书店，名字来源于村上春树的小说《1Q84》，而这部作品是村上春树为致敬英国作家乔治·奥威尔的名作《1984》而创作的。店内有不少老上海特色的纪念品。室外漂亮的小花园是边晒太阳边品书的好地方。

2. 大隐书局

地址：上海淮海中路 1834 号 -1
坐落于宋庆龄故居对面的大隐书局，名字颇有禅意，布置陈设也较为古朴。其中一间小小的、对所有人开放的阅览室，被设计成茶室的模样。大隐书局的书品，在全上海的书店中数一数二，无时无刻不吸引爱书人的来访。

3. 衡山和集

地址：上海衡山路 880 号
这家店给我雅致清新的感受。无论是空间设计，还是墙面陈列，都颇有看头。书店里出售大量家居美学和生命探索类书籍，每当我感觉疲累时，这家小店都会给我充足的能量补给。

4. 幸福集荟（黑石公寓店）

地址：上海复兴中路 1331 号黑石公寓 1 层

这家书店位于上海老洋房黑石公寓内，对面是由日本建筑大师矶崎新设计的上海交响乐厅。这家书店是音乐迷的天堂，大幅的音乐家肖像和造型精致的黑胶唱片机、种类繁多的黑胶唱片，是书店的售卖品，也是装饰品。

5. 钟书阁（芮欧百货店）

地址：上海南京西路 1601 号芮欧百货 4 层

不同于前面的几家书店和图书馆，走进钟书阁（芮欧百货店），会产生一种身入书山书海的眩晕感。你可能不会在这里买书，但十有八九会对这家书店留下“真是气势磅礴啊”的深刻印象。

6. 光的空间新华书店（爱琴海购物公园店）

地址：上海吴中路 1588 号爱琴海购物公园 7 层

这家书店与一家美术馆相连，由日本知名建筑师安藤忠雄设计。书店的中庭，是一个巨大的休闲空间，适合作者举办新书发布会。没有活动的日子，读书人沉浸在静谧的阅读氛围中。它实现了安藤大师的设计初衷：“人们和书的关系日渐疏离，我们希望这个空间能增加人与人、人与书的邂逅机会，使人们对书产生新的认识。犹如光之于建筑，只有阅读，能让未来的希望照亮人们的心房。”

03 建立购衣信条

小黑裙、纯色上衣和条纹衫，

是我穿着打扮核心单品中的“三件宝”。

近年我迷上了精简衣橱，决定为衣橱保持小而美的简约感。

之所以对精简衣橱这件事乐此不疲，是因为我觉得它让我很好地审视自己的生活观、物品观。

整理衣橱之路，于我来说，不仅是衣品成长之路，还是自信成长之路。

我的精简衣橱之路，起源于一本英文书*The Curated Closet*，里面提到的“道德衣橱”（ethical closet）的概念吸引了我的注意。

这本书的作者是一位居住在德国柏林的风格博主。她把精简衣橱之路分为5个步骤：

步骤一：好好珍惜和保养你现有的衣服。

步骤二：买少、选精，只买你百分百喜爱的衣服。

步骤三：购买高质量且耐穿的衣服。

步骤四：尝试古董衣服和二手衣服。

步骤五：支持那些环境友好型的衣服。

仔细揣摩这5个步骤，第二步到第五步，都与你的购衣方式有关。

10年前，我在做环保记者时，曾经采访过中国知名摄影师卢广。

他拍摄的一组制衣工厂外的水污染照片，震撼了我。我明白服装制造业是高污染行业。如果可以构建一个环境友好型的道德衣橱，于己于人，都有价值。

后来，我有机会读到我心目中的“时装精”代表、台湾知名广告创意者许舜英的衣橱观。她在《购物日记》一书里面写到自己的衣橱中衣服“数量很少，但经过风格洗礼，且历久弥新”。这也是我心目中理想衣橱的模样。

为了实现这个目标，我为自己写下了以下购衣信条：

第一条：只买让身体感觉舒服的衣服。

这些年，我发现自己特别喜欢穿法国品牌圣杰姆（Saint James）的条纹衫。无论是外出逛街、旅行、遛狗，还是当作居家服，它都非常合适。夏日轻薄的短袖款，由于太过舒服，我甚至拿它当睡衣。

我逐渐发现，只有身体喜欢的衣服，穿着的频率才会高，起到衣尽其用的效果。

在决定精简衣橱后，我戒掉了网络购衣的习惯。所有新衣服全部购于实体店，在刷卡支付前，必须上身试穿，对着穿衣镜中的自己反复端详。只有当我的身体感觉舒适自在，体内发出“这真是一件写着周一妍名字的衣服啊！”这样的声音时，我才会考虑买下。

第二条：投资你的衣橱。

“投资”这个词，不应该只出现在你的财产管理方面，还应该出现在你的衣服上。“买十件衣，不如好好投资一件。”这是居住在巴黎的风格设计师赵筱筠给我的建议。

我在2次日本旅行购物中，发现了自己的购物观转变。2016年，我第一次去日本东京旅行，我对无印良品和优衣库青睐有加，在两家店各自拖回一大包衣物。然而，2018年我第二次来到东京，花了整整1个小时，逛遍银座一整栋楼的优衣库，结果却颗粒无收。我发现，便宜的快时尚已经无法打动我了。我渴望质感更高的衣服。当天，我在位于优衣库大楼旁边的Ginza Six的川久保玲买手店丹佛街集市（Dover Street Market）收获了一些战利品。我开始变得勇敢一些，眼光也变得挑剔。我开始挑战原本不会想到去逛的品牌，也开始有心收集一些独立设计师的相关品牌资讯。

第三条：每一季集中购买一次衣服。

我从美国“胶囊衣橱”博主卡罗琳（Caroline）的博客中获得灵感，常年保持每一季度37件单品。卡罗琳提倡每一季度只需要为自己准备37件单品，包括上衣、下装和鞋子，37件单品穿一个季度。

在下一个季度来临前 2 周，开始为自己选择适合下一季的 37 件单品。如果你希望衣橱新陈代谢，那么就适当添置 4—8 件新单品。

我觉得实践“37 件单品衣橱”的好处是，它无时无刻不在考验我的穿搭能力。90 天里，我每天都在玩穿搭游戏，以依靠有限的单品件数，打造出无限精致的自己。

长期有意识地搭配服饰，让我在买衣服时更加谨慎。通常，我在添置衣物的时候，会选择成套购买，即买下任何一件单品的时候，提前考虑好它搭配的其他衣服、鞋子和饰品。我会在大脑里构建一个理想的造型。这样确保买回去的衣服，可以有完整亮相的机会。如果这件单品，可以和其他单品混搭出 3 种或 3 种以上的造型，就会有“我赚到了”的感觉。

第四条：写下你和衣服的故事。

我会给喜欢的衣服撰写小传。比如陪伴了我 9 年的小红裙，它和我一起走过许多地方。我在 2014 年撰写“心动 20”私密专栏的时候，写下了如下文字：

2012 年诺曼 - 福斯特设计的德国国会大厦、柏林博物馆岛的核心帕加马博物馆、勃兰登堡门、波茨坦的无忧宫。

2013 年阿布扎比的八星级皇宫酒店。

2014 年意大利罗马斗兽场、五渔村。

2014 年牛津大学毕业生扔帽子的广场。

2015 年英国女王居住的温莎宫殿。

……

我把它称作“上镜专用衣”，在夏日的上海都市，我嫌它太扎眼，不愿意穿去上班。但踏上旅途时，我总是第一时间把它装进行李箱。仿佛，它在我的蓝色行李箱里有固定的住所，整日和我的索尼长焦相机谈着不间断的恋爱。

可以说，这条红裙塑造了一个动感的我，也赋予我一种崭新的个性，张扬又富有活力——虽然自然轻盈，内心却仿佛住着一只色彩斑斓的蝴蝶。

近一两年，我开始有意识地把令自己满意的造型拍下来，深入细致地观察自己。当我越来越能发现不同造型的优势与不足时，也就越来越能做出明智的购衣选择。

小贴士：购物时的禁忌

1. 切忌只因心动而购买

你可能会说“千金难买我心动”，但结果往往是你只是在付款那一秒前心动。买回家后，心动的感觉就消失了。

2. 切忌只因打折而购买

打折的物品会让你产生“捡到宝”的满足感。但正因为潜意识中有“这件物品是个便宜货”的想法，你可能不会像爱惜正价商品一样爱惜它。购买能力范围内最贵的衣服，往往每次穿的时候，都有心动感。

3. 切忌只因赠品而购买

赠品往往会被你无意识地带回家。这些未经审视的物品一旦越积越多，就会成为家居环境混乱的罪魁祸首。

给你滋养力的名言短句：

买少、精选，使之隽永。

——［英］维维安·韦斯特伍德

越了解自己的身体，我对于比例错误的服装轮廓就越敏感。

——许舜英《购物日记》

选购一些有品位的好东西，让它们伴着自己的成长岁月，也是一种非常重要的自我投资。

——［日］松浦弥太郎《好物 100》

04 体验式旅行

2019年年末，我在与广西科学技术出版社的编辑聊完这本书的选题方向后，开始了我在旅行中的滋养——在北京五道营胡同旅拍。

马塞尔·普鲁斯特在《追忆似水年华》中曾写过这样一句话：“任何一样东西，你渴望拥有它，它就盛开；一旦你拥有它，它就凋谢。”

我想了一想，发现有一样东西例外，那就是生命的体验。

没有它，生命之花凋谢；有了它，则盛开。

我自己是体验式旅行的倡导者。每每感觉到日常生活压迫得我无法呼吸时，我会用一场远走的旅行，为自己补充氧气。

可能是之前做记者的关系，每次外出旅行，我总希望可以区别于单纯的放松或走马观花式的旅行。我想给自己的生命留下一些特别的记忆。

以下是我最近 1 年在旅行中做的事。

1. 尝试一直想做却没有做过的事

2020 年初，我在马来西亚沙巴第一次尝试深潜 10 米。在此之前，我连浮潜都没有试过。一位沙巴小哥哥教我潜水三大要点：嘴吸嘴呼；鼻子不呼吸；耳朵感觉有压力时，按住鼻子后呼气。

下水的瞬间，着实让我有些后怕。我需要背对着海面，以后空翻的姿势入海。成年后，我从没有做过这个姿势。我需要给自己足够的安全感。下至 3 米后，海水变得浑浊，我几乎看不到任何风景，耳朵因为压力产生刺痛。不断往下潜时，我拉着教练不断确认自己的状态是否最佳，最终抵达海下 10 米处，完成挑战。整个过程中，长达半个多小时有意识地嘴呼嘴吸，让我的神经高度紧张，上岸之后，反而感到从未有过的放松。

2. 学习一门技能

同样是在沙巴，我在爱彼迎上预定了法国运动教练尼克（Nick）的晨间 2 小时站立浮板体验（standing-up padelling）。这项看起来难度有些高的海上运动，其实入门出乎意料地简单。2 小时后，我已经掌握滑行技巧，独自在海面自由前行，感觉好像是一个精通凌波微步的大仙。无风时，在平静的海面滑行，感觉自己与天地融合，进入一种如梦似幻的仙境。如果只是看事后教练发给我的照片，你可能会觉得这是一门危险的运动，需要时刻掌握平衡，不然随时会有掉入海中的风险。我的确落海 3 次。一根连接浮板和我右脚脚腕的绳子，把我和浮板紧紧拉住，让水中的我很快又能扑腾回浮板上。每次落水，我的害怕都会变得少一些，战胜未知的勇气也多了一些。

3. 体验他人的生活

2019 年 8 月，我曾在爱彼迎上报名过美国纽约一位二手服装博主莎曼萨的“节俭店导览”（thrift shop tour）。莎曼萨的衣橱里，80% 都是二手衣。她称二手衣是纽约“隐蔽的特色”。我在一家名为 Buffalo Exchange 的小店看上一顶复古贝雷帽，售价 16 美元。买单后，我在网络上查了帽子的品牌——博尔萨利诺（Borsalino），才发现这是一个意大利百年制帽品牌，连奥黛丽·赫本都曾戴过它家的帽子。我情不自禁地为自己的好眼光拍手叫好。这是一种非常特别的淘宝乐趣，因为自己不仅买到了心仪的物品，还在做对环境友好的事。

4. 体验旅拍

我是旅拍爱好者，目前已经完成上海、北京、日本东京、美国纽约、马来西亚沙巴 5 个城市的旅拍了。旅拍可以定格我和一座城市的情感连接。照片中的我，化身为城市里的一道风景，这是最吸引我的地方。我基本会在爱彼迎上寻找提供旅拍服务的摄影师。他们大多是爱好摄影的“斜杠青年”，没有顶级的摄影器材，却自带一种亲和的气场。边走边聊，顺便抓拍一些照片，就好像和朋友逛街那样随意。随着旅拍经验的丰富，我的肢体动作从拘谨僵硬，变得舒展自在。我很少让摄影师精修照片，至多通过调光，改善照片的质感。通过旅拍，我仿佛摆脱了滤镜魔咒，甩掉假面，开始欣赏起自己的自然美。

体验是这个世界上最美妙的东西。祝愿大家都能在旅行中，体验“生活在别处”的乐趣，遇见未知的自己。

小贴士：那些曾给我带来美好体验的地方

1. 美国纽约布鲁克林的 Package Free Shop

这家商店是美国零垃圾红人劳伦·辛格和丹尼尔·西尔弗斯坦（Daniel Silverstein）合开的零垃圾主题店，在这里你可以体验一站式的零垃圾购物体验，从而了解并加强在日常生活中减少生活垃圾产生的概念以及做法。

2. 德国慕尼黑的宁芬堡宫

德国有很多比宁芬堡宫更有名的宫殿，比如波茨坦的波茨坦宫、柏林的夏洛特宫、富森小镇的新天鹅堡宫。但我却最爱慕尼黑郊外的宁芬堡宫。这座宫殿门口的天鹅湖和宫殿后面的花园，让我体会到什么叫作“安宁”和“芬芳”，是我记忆中印象最深的德国宫殿。我拍摄的宁芬堡宫照片，曾被我放大作为家中的装饰画。

3. 英国伦敦的哈姆雷斯（Hamleys）玩具商店

我曾去过 3 次伦敦，去了 3 次大英博物馆，也去了 3 次哈姆雷斯。这家玩具店足足有 7 层，我通常只逛一两层就筋疲力尽了。我感觉它是一个迷你迪士尼乐园，在《断舍离》一文中，照片里出现的粉红小猪，正是购于此店。

4. 阿联酋迪拜莎士比亚的故事咖啡馆

每个去迪拜的旅客，应该都会拜访哈利法塔。从哈利法塔步行大约 10 分钟，有一个名叫“莎士比亚的故事”的咖啡馆，可以体验到原汁原味的英式下午茶。因为共同参与了一个晚上的迪拜沙漠旅行，我与一对来自科威特的母子结缘，经他们热情推荐，得知这家店。这是我对这家店产生好感的真正原因。

5. 日本北海道函馆的海鲜市场

2018 年夏天，我和我的“创业三姐妹”一起去北海道札幌游学。游学结束后，我们南下函馆市旅行，在海鲜市场品尝到新鲜的活海胆。当时正好看完《我的前半生》，着迷于剧中人物老卓的日料店里从北海道空运来的海胆。品尝下来，的确“过齿难忘”。

05 分享美好

在世界各地旅行时，发掘当地有特色的明信片，写上祝福，寄给三五好友，旅行的快乐也会成倍增加。图为我在瑞典斯德哥尔摩欣赏完安妮·莱博维茨的摄影展后，购买了明信片准备寄给亲友。

小时候，我读过社会心理学教授莫里的故事。在他去世前的14周，每周二他都会为学生米奇讲述一个自己的故事，关乎遗憾，关乎死亡，关乎感情，关乎婚姻，关乎完美的一天……他的学生米奇深受启发，把两个人的心灵对话，撰写成一本书——《相约星期二》。

这本书感动了很多人，也包括我。我多么希望身边可以出现一位像莫里教授那样的导师，在我迷茫的时候，和我聊聊生命的意义。

没想到，我真的遇见了我的“莫里老师”。我和忘年交、美国儿童阅读专家詹妮斯·西格里斯特（Janice Sigrist）在工作中相识，但是我们的友谊是从工作没有交集后才开始的。每年我们见面一两次，好像最熟悉的陌生人。每次交流，我都感觉如沐春风。我把詹妮斯称作“我的阳光”。聆听她的教诲，我就会感觉很温暖。

我记得有一次，我们讨论人生的意义是什么。詹妮斯认为：人存在于这个世界上，就是为了发展出更好的自己。用尽全力，分享美好，是发展自己的前提。

她总是鼓励我去尝试一些自己不敢做的事情。

比如，当初她支持我选择创业这条路。她说：“你是时候考虑你的事业，而不是一份普通的工作了。”

比如，撰写《日日滋养：365 天爱自己的生活良方》这本书的时候，她告诉我不要把写书当作一种负担，而应该当成一段生命中美好的发现之旅。

无论是创业还是写书，我都从詹妮斯身上获取了很多力量。

许多年前，詹妮斯在上海创办了一家美语私立幼儿园。我在她的园长办公室里看到一张巨幅海报。那是詹妮斯 20 年前从美国带来中国的纪念物，这些年，一直陪伴着她。海报上有一只大苹果，上方写着一句话：All I really need to know I learned in kindergarten。（那些人生中最重要的道理，我在幼儿园里都学过。）这句话来自美国作家罗伯特·弗格汉姆（Robert Fulghum）撰写的经典图书的书名。

海报下方的小字，是罗伯特·弗格汉姆认为他在幼儿园中学到的道理：与人分享，公平游戏，不打人，物归原处，清理自己的垃圾，不要拿任何不属于自己的东西，伤害了别人要说“对不起”，饭前洗手，过平衡的生活，留意新奇现象……

最后一个道理是：“无论你是年长还是年幼，你走到世界的任何地方，最好还是跟幼儿园的小孩子一样，和人手牵手相伴，互相帮助和鼓励。”

“分享美好”是我们在幼儿园都学过的道理。这个道理，20 年前影响詹妮斯。如今，詹妮斯影响我，我也选择将美好分享给更多人。

2015 年，我选择成为一名“斜杠青年”，创立“第 1 整理术 Yi Organizer”自媒体，把令我受益的减法智慧传播给更多人。

2016 年，我选择辞职创业。创业让我成为更快乐的人，因为我可以专注地把理想的小而美的简约生活方式，传播给更多人。

2018 年，我开始承担一些住宅项目的收纳设计顾问工作，与优秀的地产人一起打造对收纳有理解、有消化、以人为本的房子。

2019 年，我成为女性创业公司的管理者，我们的工作室多了几位小伙伴，我们相互扶持，发展更好的自己。

2020 年，我写完我的第一本书《日日滋养：365 天爱自己的生活良方》，书中提到的每一个滋养方法，都让我感觉幸福。我想把这份甜传给你。

曾经听过一句话：如果你是一块方糖，放进生活的苦咖啡，生活就因你而甜。

让我们一起成为这个世界的“甜蜜制造机”吧！

小贴士：如何做一些分享美好的事？

1. 遇见令你感觉美好的书籍、电影、音乐、视频等，可以通过自由书写的方式，写下你的感受。它可以只是一句话、一首小诗，发表在你的微博或者朋友圈中。

2. 每年感恩节写一份公开的感谢信，感谢所有在当年帮助过你的人，可以发表在微博或者朋友圈中，也可以用信件的形式寄出。

3. 对于生命中重要的人，用手绘的方式写一张贺卡，寄给他或拍照给他。

4. 不要忘记肢体语言和拥抱的力量，多用在你的家人身上。

5. 用手机创作你的生活微电影（Vlog），在各个公开渠道发布。

图中的白色卡片是我在德国购买的。我有在旅行时购买信纸的习惯，这些信纸既可以拿来收藏，又可以在有需求的时候拿来使用。

由于做自媒体，我经常会收到读者朋友的暖心鼓励。他们每日与我云端相会，是最熟悉的陌生人。有时候，我会给聊得来的读者朋友赠送一些小礼物，并附上手写的卡片或是手绘画表达我的心意。

C h a p t

e r . 0 5

第五章

梦想滋养

凝望未来，奔向光明

写在前面的话

“梦想滋养”这个章节共收录了 5 位我欣赏的采访对象的故事。

他们都是在各自的专业领域取得卓越成就的人。在我看来，他们还都是富有感染力的追梦人。

通过与他们对谈，我的内心升起一种美好的感觉。

我想，这种感觉，是对梦想成真的期待。

书写他们的故事，让我联想到日本建筑师安藤忠雄的一句话：“一个人真正的幸福，并不是待在光明之中，而是从远处凝望光明，朝它奔去，就在那拼命忘我的时间里，才有人生真正的充实。”

01 做一个终身学习者

2011 年 12 月，我在深圳万科总部专访王石，撰写了 2012 年 2 月的一期《外滩画报》的封面报道《哈佛这一年我获得新生》。

我在《外滩画报》做记者的时候，主要负责环保、建筑和国际教育领域的人物报道。

2010年因为住宅标准化的话题，我专访过万科集团创始人王石。没有想到，2011年12月31日，我会因王石哈佛游学的事，再次对他进行专访。当时，他刚在哈佛完成近1年的游学，我成为中国第一位专访他有关哈佛学生生涯的记者。

王石曾在微博上公开过一份哈佛游学日程表。采访时，我请他补充了一些生活细节：

每日清晨，花2.5分钟用微波炉热一杯牛奶，烤一片面包，切半个西柚；

3分钟吃完早餐，步行15分钟从剑桥镇花园街的公寓去哈佛大学；

8：40—11：00在哈佛听主课；

13：00—14：30上英文选修课；

14：45—18：00上英文语法课；

英语学校放学后在哈佛广场的速食店花几美元买一个鸡肉卷，吃一半，另一半放在冰箱当第二天的晚餐；

19：30—21：00 上口语课，每周 2 次；

每晚看资料、做笔记至凌晨 1 点。

王石的哈佛游学经历，完全没有外界想象的那样轻松随意。他说：“总觉得时间不够用。”

在哈佛上学期间，王石很少应酬，晚上几乎都是在公寓里温书。他住的地方很简单，旁边是一栋中世纪风格的教堂式建筑，顶尖是十字架，这让他感觉仿佛身处一座“现代修道院”中。

2012 年底，我在哈佛大学拍摄的校训——真理。

2011年夏季“艾琳”飓风来袭，王石发了这样一条微博：“收到言及飓风如何厉害的短信，知趣取消约会。返剑桥公寓已晚。翻书不觉到凌晨。好像有特殊的磁场，祛除浮躁，心静读书。”

功夫不负有心人。在哈佛的前3个月，他几乎听不懂主讲人在说什么，花钱请了一个翻译帮忙做笔记，自己装模作样地听，听懂一个单词，想一想，接下去，又听不懂了。3个月后，他开始自己做笔记，让翻译纠正。4个月后，他已经能听懂六七成了，于是决定摆脱翻译这根无形的“拐杖”。1年后，他已经可以自如地用英语发微博了。哈佛游学后，他又去了英国继续游学，英语水平达到了能与牛津、剑桥教授愉快聊天的水平。

除了课业学习外，王石在哈佛的生活经历，也颇有戏剧性。他调侃自己，刚到哈佛时，“我已经是半残废了”。他指的是创办万科后，有司机，有秘书，到哪里都有人接送，自己不知不觉退化成“城市废人”。

在哈佛，他是伴随着各种笑话开始的“新生”：

去银行办信用卡，因为在国内没有办卡的经验，足足跑了5次银行，花了1个月才办成；

去超市买东西，搭地铁、乘公交，经常搭错车，搭错方向；

每天晚上一边温习功课一边烧水泡咖啡，结果那只烧水壶被烧红了 3 次，塑料壶盖都烧化了……

王石是一个极富个人魅力的采访对象。在采访完他后，我撰写了一篇《外滩画报》的封面报道《哈佛这一年我获得新生》。我最钦佩的，是这位功成名就的企业家，到了 60 岁，依然愿意放下身段，与 16 岁的人一起学英文。

他给我举了一个例子。为了摆脱“哑巴英语”，每天下午，当时已经 60 岁的他，与十五六岁的孩子，一起在英文学校学英文，身边同学最大的也才 25 岁。美国课堂强调游戏互动，由一个学生来比画单词，另一个来猜。“往往一个单词挂在嘴边，却怎么也说不出来。”

最有压力的要数每周 1 次的考试，每次 60 分钟。周围的同学答题 30 分钟后陆续交卷，60 分钟后，整个教室变得空荡荡，只剩下握着笔的王石和一位等候收考卷的老师。

这位成功的中国企业家坦言，这是他第一次体会到“后进生”的感觉。

王石自称“这是一种对生命极限的挑战，一种不动声色的咄咄逼人”。

从他身上，我体会到一种终身学习力。我发现，求知若渴的人，对这个世界始终抱有一颗好奇心，探索未知，研究真理，这个过程令人充满活力，也会影响和鼓舞很多人。当一个人放弃学习的时候，才是他真正老去的时候。

普利策文学奖得主弗兰克·麦考特在他的小说《安琪拉的灰烬》里写道："要是大脑空空的话，我们什么事也没有办法做决定。"

工作之后，我也在不断学习新知识、新本领。一开始，我因内心匮乏感的驱使而去学习，比如考复旦大学的新闻系研究生，准备国家二级心理咨询师的考试，学习"九型人格"……我总是感叹天赋不够，想用更多的知识武装自己。但随着年岁增长，我更沉浸于学习本身。心想学了，就去学习。

近些年，我学习整理，希望借助整理这个工具，让自己慢下来，思考和反省自己做的每个选择，更有掌控力地去生活；学习绘画，借助画笔放松左脑，激活右脑，使思维变得更灵动，富有创造力；学习写作，借助文字探索自己的内心，抒发最深处的情感。

这些是我认为值得终身学习的。它们是我的兴趣，也是我爱自己的方式。

02 纸质阅读，构建你的精神家园

2015 年 4 月，我在中国科技大学采访从南方科技大学校长职位上退休的朱清时院士。当时，他向我展示了自己童年时期的手抄本，并讲述了童年时期让他如痴如醉的阅读，如何影响了他的一生。

4 月 23 日是世界读书日，其设立目的是推动更多的人去阅读和写作。2015 年的世界读书日前夕，我在《外滩画报》领到一个有趣的报道任务——寻找一位你敬重的采访对象，了解他的阅读史。

我第一个想到的就是中国鼎鼎有名的教育家、南方科技大学创校校长朱清时院士。在我心目中，他是“中国最牛的校长”。2013 年，我曾到位于深圳的南方科技大学，采访朱清时院士推行教授治校的故事。他说，宁要“不完美”的改革，不要不改革的危机。创校背后的艰辛鲜有人知。创校那些年，他瘦了 4 公斤，夜晚极难入睡。

第二次见到他，已是 2 年后。从南方科技大学退休后，他回到曾经担任校长的中国科技大学。我发现，他的状态与 2 年前完全不同。这次见面，他变得爱笑了，神情也不再拘谨。

他的办公室，被布置成一个温馨的书房。在这一方小天地中，除了书籍，围绕在身边的，是古色古香的木椅、黝黑的古砚台、白色的古化石，还有彩色的折扇等。

采访中，朱清时院士提到，人生中，他在 2 个时期体验到了阅读的愉悦巅峰：一个是童年时，另一个就是退休后。童年的他，爱读《唐诗三百首》、儒勒·凡尔纳的《海底两万里》等。如今，他终于可以抛开一切杂念，一头扎进科普的海洋，阅读史蒂芬·威廉·霍金的《大设计》，以及《世界真的存在吗？》《平行宇宙》等作品。

我向朱院士倾吐我的苦恼：自从工作后，我的心态变得焦虑，阅读也变成快餐式。比如，每当我需要采访某个对象时，我会赶紧去看他的作品，把与他有关的信息收集起来，集中研究。读书于我，变成了一件为了应付工作而去做的事。

朱清时院士回应说，给中年人和青年人提读书建议，确实挺勉强。因为他现在读的书，多是退休后买的。退休后，阅读变得越来越深入，这才发现，工作时期的确很难静下心来。

不过，他依然鼓励年轻人多读纸质书。原因是快餐式的阅读，接受的多是碎片化信息。比如，阅读微信公众号文章，是典型的快餐式阅读。这种阅读的好处是可以提供一些线索，让信息交流变得简单；缺点是读者无法从单篇文章里系统性地梳理和掌握知识。他说："通过电脑和智能手机，人们了解到世界上最重要的思想。但这始终浮于表面。真要把这些问题搞深搞透，还是要反复地读纸质书。"

朱清时院士认为，他的精神世界，全部都是书造就的。

11 岁的朱清时刚上初中，父亲因为工作的地方远，只有过年才能回家。有一年回家，父亲用微薄的工资买来一本《唐诗三百首》。对于少年时期的朱清时来说，这份礼物的珍贵程度，不亚于现在十二三岁的男孩得了一台 iPad。读初中时，在阅读法国著名作家儒勒·凡尔纳的科普小说《海底两万里》时，他发现了化学的奥妙，想象力被激发出来；高中阶段，朱清时阅读了大量西方哲学书籍，比如培根的《论人生》和布莱兹·帕斯卡尔的《思想录》等。

我请朱清时院士给渴望精神世界更富足的中青年写一份阅读书单。他提到《论语》中的一句话："子曰：'朝闻道，夕死可矣。'"

在我看来，"闻道"就是要知道：我们从哪来？到哪去？我们是谁？

那次采访，朱清时院士向我推荐了10本书。这些书读起来并不轻松，但是每当翻阅它们，会感觉进入了一个更广袤的时空中，现实生活中的烦心事，不知不觉被抛在脑后。

以下是朱清时院士推荐的书单：

《大设计》 史蒂芬·威廉·霍金 著

《平行宇宙》 加来道雄 著

《无中生有的宇宙》 劳伦斯·M. 克劳斯 著

《世界真的存在吗？》 王艳 编选

《一种新科学》（*A New Kind of Science*） 史蒂芬·沃尔弗拉姆（Stephen Wolfram） 著

《超级智能》 尼克·波斯特洛姆 著

《人的意识》 苏珊·布莱克摩尔 著

《轴心时代》 凯伦·阿姆斯特朗 著

《人类简史》 尤瓦尔·赫拉利 著

《制脑权：全球媒体时代的战争法则与国家安全战略》 曾华锋、石海明 编著

03 自由和放纵并不能让人真正快乐

2012 年 2 月，我连线身在美国的耶鲁大学教授、被誉为“虎妈”的蔡美儿，与她进行了电话访问，随后撰写了自己在《外滩画报》的第一篇封面报道。蔡美儿也是首位登上《外滩画报》封面的教育工作者。

“她是一个恶魔。”

“她的育儿方式很粗暴。”

“哪里有爱，哪里有宽容？”

2012年1月9日，任美国耶鲁大学教授的蔡美儿的新书《虎妈战歌》（*Battle Hymn of the Tiger Mother*）出版。上市1周，登上亚马逊非虚构类排行榜第一名。《华尔街日报》以“为何中国母亲更胜一筹”为题发表书摘。

《时代》周刊评论，“虎妈现象”的出现，一方面是因为西方人对严厉的东方式教育难以接受；另一方面，蔡美儿提到的美国教育问题，触动了美国人的神经。“虎妈热”很快蔓延到欧洲、亚洲。蔡美儿接连接受来自《时代》周刊、《奥普拉》杂志、美国有线电视新闻网（CNN）等媒体的专访。《虎妈战歌》的德文版推出后，德国《明镜》周刊对蔡美儿进行了专访。2012年2月，我作为《外滩画报》记者，通过出版社的牵线搭桥，与蔡美儿进行了一次电话访问。这也是她接受的首个中国大陆媒体的采访。

“我渴望中国人能够理解我。”“虎妈”在电话那头对我说。

“虎妈”很早便替大女儿索菲娅选择了学习钢琴，为小女儿露露选择学习小提琴。从3岁开始，索菲娅每天都需练习4—6小时的钢琴。

蔡美儿尊崇日本的铃木镇一博士始创的铃木教学法。这个方法强调“才能不是与生俱来的”，人是“环境之子”，家长需要成为孩子的“陪练兵”。在露露练习小提琴的过程中，“虎妈”全程陪同，并充当司机。

这是露露某个周末的日程表：

周六8:30，驾车1小时去康涅狄格州诺沃克，参加管弦乐团3小时的练习；再驾车1小时回到纽黑文做家庭作业，练习1—2小时的小提琴；1小时有趣的家庭活动。周日，练习1—2小时小提琴；驾车1小时去纽约，上2小时田中直子老师的小提琴课；驾车返回纽黑文做家庭作业。

为什么每天要练3—5小时小提琴？因为“虎妈”相信《纽约客》专职作家马尔科姆·格拉德威尔总结出的“10 000小时黄金法则”。格拉德威尔认为，天才不过是做了足够多练习的人，音乐家、运动员、数学家等都是如此。研究显示，在某个领域取得成功的关键是练习，需要有的放矢地练习至少10 000个小时，也就是10年内，每周练习20小时，每天大概3小时。

最终，蔡美儿的2个女儿成了成绩全A的“音乐天才”。让“虎妈”

自豪的是，大女儿索菲娅在14岁时成功登上卡内基音乐厅的舞台，开独奏会。

蔡美儿的严格家教，传承于她的父亲——一位从来不允许女儿做第二名的严厉学者。蔡家的祖辈来自中国福建，父亲蔡少棠在菲律宾生活多年，后赴美留学，拿到麻省理工博士学位，曾任伯克莱大学电机系教授。蔡家共有4个孩子，都是女儿。蔡父规定，女儿们在家必须说中文，每吐一个英文，就会被筷子抽一下。女儿的成绩单上，只有A才能过关。

“严父出才女”。蔡美儿和三妹蔡美文成为哈佛博士，二妹蔡美星是耶鲁博士。最值得一提的是小妹美音。“虎妈”在她的书中提到，蔡美音是一名唐氏综合征患者，但严格的父母仍要求她“在力所能及的情况下做到最好”。结果，蔡美音曾在残奥会中勇夺2枚金牌，在沃尔玛工作，有男朋友，仍在练习钢琴。

小妹美音的传奇经历，让蔡美儿意识到，一个人成功与否，与天生的资质并无太大关联，教育方式是关键。

《虎妈战歌》出版后，她的教育方法在西方遭受质疑。一场达沃斯经济论坛的晚餐讨论会上，蔡美儿和哈佛大学前校长拉里·萨默斯（Larry Summers）相遇。萨默斯以严格出名。即便如此，他依旧认为“也许蔡美儿错了”。萨默斯认为，孩童期大约占据了整个人生 1/4 的时间。这是一段很长的时间，应该尽可能快乐地度过。

采访中，我问“虎妈”：你觉得自己是一个快乐的人吗？

她回答，她自认为是一个“非常快乐的人”。她觉得，只有掌握高超的技艺，才能带来快乐的感觉。自由和放纵并不能让人真正快乐。

“我追求的是‘快乐人生’。人的一生很漫长，家长的眼光不应仅仅局限在关注一个 5 岁或 10 岁的孩子是否幸福上。当然，我也试图让孩子开心，如果让我在‘开心’和‘成功’之间选择，我选‘开心’。我相信通过充分学习达到卓越，就可以带来开心，因为你会自信，感到骄傲，产生快乐。”

蔡美儿的育儿经，让我想到了加州伯克利大学的福斯兄弟在 1980 年提出的德雷福斯学习者模型。该模型概括了技能学习者的 5 个阶段：

阶段一：新手（通过模仿和观察来学习的“菜鸟”）；

阶段二：高级新手（比新手多些经验的人）；

阶段三：胜任者（拥有解决问题的能力，但缺乏全局思维的人）；

阶段四：精通者（拥有丰富经验、全局思维和自我纠正的能力）；

阶段五：专家（该领域的佼佼者，依靠直觉做事）。

值得注意的是，专家是最稀缺的，约占总人数的 5%；精通者占 10%；数量最多的不是新手，而是高级新手。德雷福斯学习者模型表明，当我们学习一门技能的时候，50% 的人抵达高级新手的水平，就止步不前了，最终难以获得卓越的成就。

成为某个领域的专家，是一件令人开心的事。我想，只有达到这个状态，才能体会到一种真正的自在。这也是“虎妈”的“快乐哲学”给予我的启发。

愿你能在成功与开心间转换自如。

04

心中有信仰，就不会感觉寂寞

一个人找到内心的信仰，就能找到属于自己的那片绿洲。

1960 年，26 岁的英国姑娘珍·古道尔用自己做女服务员攒下的钱买了一张去非洲的单程船票，之后便在坦桑尼亚住了 29 年。在坦桑尼亚的丛林里，她找到了一群黑猩猩朋友，并成为第一个发现黑猩猩使用并制造工具的人，又因为她和黑猩猩的故事结识了后来成为她丈夫的《国家地理》摄影师，生下第一个孩子。1986 年，为了改善黑猩猩的生存状况，古道尔最终离开丛林，于 1991 年创立环保组织“根与芽”，在全世界奔走，呼吁人们保护野生动物。

她被英国媒体称为“奔走着的特蕾莎修女”，是美国《时代》周刊评出的 20 世纪“世界最杰出野生动物学家”。

2010 年，我在上海 JW 万豪酒店采访了当时 76 岁的珍·古道尔。当时，古道尔刚刚结束位于酒店 60 层的图书馆媒体记者见面会。这位脸庞清瘦、未施粉黛的老妇人显然很累了。她本打算拒绝我已约定的访问，回酒店房间休息。但是，我等候这个访问已经 2 年了。于是，我上去轻轻抱住她，在她耳边说：“您是我的偶像。我 14 岁就开始读您的书了。可以采访您吗？”

友善的古道尔允许我和摄影师来到她位于酒店 44 层的套房里，开始和我聊她的人生传奇。

整个采访中，一只正在剥香蕉的俏皮毛绒玩具猴子一直静静待在古道尔的身边。这是盲人魔术师加里·霍恩（Gary Haun）送给她的礼物，加里把这只猴子误认为一只猩猩。个性像个孩子的古道尔把这只名叫“Mr. H”的猴子当作护身符，无论到哪里，都会带着它。她说：“字母H，代表着希望（hope）。”

采访结束，古道尔在我递上的一张海报上签名。她仔细询问了我的名字，然后用圆珠笔一笔一画，艰难地在光滑的海报上写下一句话。

“你读一下。”她说。“Together we can change the world.”（我们一起，可以改变世界。）我大声读了出来，发现老人在“can”的下面，还画了一道横线。

神奇的是，读完这句话，我的身体内涌起一股暖流。

作为一名环境记者，我的工作是不断发现为全球环境生态保护做出贡献的环保主义者和科学家，把他们的故事呈现给读者。采访越多，越感觉环保人士的不易。他们犹如一位位逆行者，尽管持续不断地对公众进行环境教育，但周围环境却变得越来越糟。不少环保非政府组织（NGO）的工作者告诉我，最初的激情，已被失望取代。

但古道尔始终保持着乐观。

她说："我能做的，是找到一个真实而又美好的故事，从而让人们感到振奋。我的很多故事讲的是关于动物失踪到被救，那些为人们所赞扬的事。如果人们能够多多分享这些美好的事，那么他们将会有更多的勇气去鼓励更多的人。"

如果不是1986年的一场黑猩猩国际大会，古道尔可能会选择一辈子待在冈比国家公园。

那一年，珍·古道尔乘坐飞机去欧洲参加一场有关黑猩猩的大会。当飞机在冈比国家公园上空盘旋的时候，她被看到的一切惊呆了：她熟悉的冈比国家公园依旧是那么郁郁葱葱，但是在公园的四周，黄沙飞舞，看不到一棵树——所有的树都已经被砍伐光了。从飞机上看，冈比国家公园是那么渺小，仿佛是一个世外桃源，但却看不到未来。

"那个时候，我突然意识到，如果我还是一直待在冈比研究黑猩猩，跟它们同吃同住，非但不能保护它们，反而会让它们的数量越来越少。"古道尔说。

她几乎当即做出一个决定：做一名环境保护主义者。

这个被英国媒体誉为"奔走着的特蕾莎修女"的人，每一年会花300天左右的时间，在全世界演讲，以年轻人为演讲对象；其余时间与妹妹朱迪住在英国伯恩茅斯的老宅里。

我问她：“前半生选择在森林里工作，后半生在飞机上安家，您常是一个人，会感觉寂寞吗？”

她回答：“我的内心从未感到寂寞。独处和寂寞是两个概念，我经常独处，却从不寂寞。”

我想，一个人找到内心的信仰，就能找到属于自己的那片绿洲。就好像古道尔在她的自传《希望的理由——古道尔的精神之旅》里形容的自己：“我像一个读《圣经》的少女一样，甘愿成为一名先驱者。”

从某种程度上来说，追逐信仰的人，内心从不寂寞。

05 勇敢做自己

勇敢做自己，做一个向阳而生的“向日葵女孩”吧！

在所有我采访过的建筑师里，我特别欣赏日本建筑师伊东丰雄。

这个戴着长方形黑框眼镜、身材矮小的日本男子，没有雷姆·库哈斯（Rem Koolhaas）那种令人生畏、有着英雄色彩的外表，也没有扎哈·哈迪德（Zaha Hadid）女士那种艳丽的仪态，以及安藤忠雄犀利的眼神。

一位台湾同行曾探访伊东丰雄位于东京涩谷的建筑事务所，他形容当时身穿蓝格子衬衫，灰白头发中分，讲话轻声细语的伊东丰雄，其实是一个腼腆的日本“欧吉桑”（日语音译，指叔叔或大爷）。

业内把伊东丰雄称作建筑界的“村上春树”，屡屡陪跑拥有“建筑界奥斯卡”之称的普利兹克奖：1995 年，与他同龄的日本建筑师安藤忠雄获得这一建筑设计界顶尖荣誉；2010 年，他的学生妹岛和世获奖；2012 年，中国建筑师王澍获奖。一直到 2013 年，伊东丰雄才最终被普利兹克奖组委会授予奖项。

《纽约时报》建筑评论家尼古拉·奥罗索夫（Nicolai Ouroussoff）评论说：“没有两栋伊东丰雄设计的建筑看起来是完全一样的。没有相同的美学风格。你可能永远不能确定伊东丰雄下一步将做什么。”

对此，伊东丰雄很坚持。他说：“我永远不会固化自己的建筑风格，也绝不会对自己的作品感到满意。”设计风格前卫多变，令人捉摸不定，作品难以归类，或许这就是伊东丰雄的普利兹克奖迟来的原因。

伊东丰雄曾和荷兰建筑师库哈斯一起参与位于北京的央视大楼设计的竞争。

库哈斯求“怪异”，一个拐弯的门起到地标性的效果。伊东丰雄的设计灵感来源于其夫人早年在电视台的工作经验，他发现水平环境更有利于电视台内部人员的工作。于是，他想出的方案是把建筑“压扁”，设计成一个直径600米的大圆盘，只有100米高，屋顶全部绿化。这是以“反地标”达到另一种地标效果。整栋建筑仿佛就是高楼群中的一个大花园，以一种低姿态突出自己，优化环境。

相比库哈斯的高调，伊东丰雄的方案是收敛的、东方式的、田园牧歌般的。作为媒体人，在看到这2种设计后，我更青睐伊东丰雄设计的水平流动空间，这样一来，忙碌的工作人员不用跑上跑下，大家在一个平面工作，似乎可以更安心。

伊东丰雄回忆这段经历时说：“现在就算重新竞标，我依然会选择这个方案，不管中不中。”忠于自己，心随所想，是他旗帜鲜明的个人风格。

在日本建筑界，伊东丰雄和安藤忠雄被称为“关东关西双雄”，而且两人都出生于1941年。

《建筑家伊东丰雄》一书里记载了这样一段往事。1982 年，在纽约举办的建筑师交流大会上，主办方因为经费限制，安排安藤忠雄和伊东丰雄住在一个房间。伊东还记得那时候安藤只带了一个轻便的旅行袋，里面除了幻灯片和随身的速写本之外，都是免洗内裤和免洗袜子。相比之下，自己带着大包小包的行李，感觉有些蠢。安藤目瞪口呆地对伊东说："我说，这没几天的旅行，你怎么带这么多行李啊？"伊东丰雄曾谦虚地表示，或许在某些方面，他永远赢不了安藤忠雄。

在采访两位日本建筑界的重量级大师时，我分别问过他们一个相同的问题：如果把自己比喻成动物，你觉得会是什么？

安藤忠雄一开始的回答是"熊猫"，后来又改成"豹子"。他半开玩笑地说："我看中豹子的速度和眼光，而且它看起来也相当帅气！"

伊东丰雄的回答是："有可能是一只绵羊。我没有假设过自己是一只动物。我只想要心平气和地和我的同伴一起做一些自己想做的东西。"

伊东丰雄给我的启示是，一旦发现自己的兴趣所在，就不顾一切地深入做下去，勇敢做自己，完全没有必要和他人比较。

始终坚持做自己喜欢且擅长的事，谁赢谁输，谁快谁慢，谁最先获得业界认可，又有什么重要呢？

Chapt

e r . 0 6

第六章
实 践 篇
6 个滋养生活的方案

写在前面的话

近年，我痴迷于钻研零垃圾、轻质生活、慢食慢活等有益身心的生活方式。

我的身边也聚集了一群在各个生活方式的细分领域有着深入研究的实践者。我把这些友人的生活智慧，结合自己的实践心得，串联成 6 个生活方案，与大家分享。

以下生活方案没有优先级，看完后，挑自己最有感觉的那个实践起来吧！

01 撰写晨间日记

把撰写晨间日记当作日常习惯的人，做什么事都会成功吧！

袁春楠有撰写晨间日记和手绘小画的习惯。这些看起来普普通通的笔记本，记录了她的人生蜕变。

图片由袁春楠提供。

我一直很喜欢自由书写。它是我随时随地捕捉灵感的方式。

如果你想要养成自由书写的习惯，有一个方法，就是撰写晨间日记，记录每一天的“小确幸”。

在每日清晨抽出固定时间写日记的人，都是时间管理大师，他们是一群自控力很强的人。

我认识的北京朋友袁春楠，就是其中之一。

她在 2019 年于广西科学技术出版社出版了人生第一本书《脱胎换骨的人生整理术》。我给她的书写了序言。在我看来，她的脱胎换骨，起源于她从 2015 年开始，每天撰写晨间日记，内容包括当天扔掉的物品（扔掉不喜欢的东西，代表着与过去的自己告别）、读过的书、看过的电影与日常随笔。截至今日，她撰写晨间日记已经超过了 1 000 天。

晨间日记记录下袁春楠惊人的自律，最终让她原本令人崩溃的人生，发生奇迹。

我发现，坚持撰写晨间日记的人，有一个心照不宣的秘密：把每一天过充实并充满期待。

在日本，有一个新词语叫作“多动力”，是“多重身份 + 行动力”的结合。我很鼓励大家做个“斜杠青年”：工作日你可能是一位朝九晚六的企业职员；周末的你，可以是自媒体人、画家、作家、话剧演员、整理师……当一个人拥有了多重身份，他也就遇见了更丰富的自己。

当你的每一天都过得很精彩时，你一定愿意用写晨间日记的方式去记录过去，展望未来。每天坚持不懈地书写，不仅能提升你的洞察力，还可以让你发现更精彩的人生。

如果你对晨间日记感兴趣，建议阅读日本作家佐藤传的《晨间日记的奇迹》，以及美国作家朱莉娅·卡梅伦的《唤醒创造力——写给被“卡”住的创作者》。前者偏重于介绍晨间日记的记录方法与技巧，后者偏重于论述晨间日记如何激发生命中潜在的创造力。

祝大家都能写出自己的100个甚至1 000个每日“小确幸”，与自己的梦想相遇。

小贴士：别给晨间日记制定规则

晨间日记无论多短，都没有关系。别怕你写的内容篇幅短、句子短，换个角度想一下，取个标题，你写的内容就变成了一首不完美却完整的小诗。当然，你也可以随时随地把灵感记下来，不一定必须固定在每天清晨。

我给大家举一个我写的例子：

心　愿

今天，我想到一个心愿。
写写画画过一生。
写，是一种表达，
一种知识输入后的输出。
画，是另一种表达，
在细致入微地观察后，把脑海
中的成像落在纸上。

只写不画，
会让灵感卡住。
只画不写，
也不够有乐趣。
所以，我既要写，也要画。

在灵感到来时，我写作。
在心情焦虑时，我绘画。
前者帮我记住美好时刻，
后者带我走向美好时刻。

两个工作，是相互交融的。
虽然我现在已是一个写作老手，
但我好像从来没有对自己的作品
满意过。
我还是一个画画的新手，
但是，我对我的画作挺满意，
因为我很欣赏自己有勇气
选择画画这条路。

我要继续努力才行啊，
写写画画过一生。

周一妍

写于2020年3月3日17时

02 培育植物

培育植物的本质，是滋养你自己。

把阳台变成你家的小森林，种满你的喜悦，

再看着它们一天天长大。

图片由刘缘提供。

如果你怀疑自己是一名“植物杀手”，并以此为由告别植物的世界，那么，真是太可惜了。

培育植物的乐趣，在于你可以看见生命的变化。一片新芽，从嫩绿到深绿，再到枯黄，呈现出全周期的生命发展之美。

用饲养小动物的心态，来培育植物吧，每天看几眼你的植物，和它说说话，那么它就不至于快速枯萎。

在居住空间里，植物是你的守护神，带给你放松的感官体验。每天花一点点力气，照料你的植物，其实是在滋养你自己。

我是一名植物培育的初入门者，受到北欧家居风格的影响，爱上龟背竹、天堂鸟这类漂亮的观叶植物。侍弄起来，也不费工夫。我想，哪天我搬家了，这盆足足有一人高的天堂鸟，可能是我最不愿意告别的宝贝。我一定会请搬家公司的工作人员把它一并打包带走。

我的创业合伙人刘缘，对不同材质的花器颇有研究，时不时向我推荐照片墙上大火的大肚编织藤篮、水泥花盆、铁艺花盆、仿搪瓷的陶瓷花盆……根据这位植物达人的经验，一旦找到合适的花器，就可以改变绿植脏脏臭臭的“吃土”形象，与家居氛围融为一体。家里如果有大小适合的化妆品玻璃瓶、药剂瓶或精油瓶，尝试改造一下插上尤加利叶或其他小叶片，家中也可以多出几处小小点缀。

如果你是追求实用性的人，还可以考虑种植一些香草，既能装点环境，还能在做饭的时候调味，真是一举两得的好事。

我自己因为业余学习画画，发现植物写生是一个感受光影变化的过程。尤其是画一片片饱满圆润的多肉叶片，阳光为叶片披上闪闪发光的衣衫，大大增加了绘画难度，但也正给了我仔细观察植物的好机会。

小贴士：植物的选择建议

以下是刘缘对于挑选植物的建议：

西餐里常用的香草，包括鼠尾草、百里香、牛至、罗勒、薄荷，都适合家居盆栽。一般来说，香草喜爱阳光，最好放在晒得到太阳的地方。中餐里常用的香菜、小葱、月桂、紫苏，也可盆栽。月桂叶可以增添肉汤的香味；紫苏具有解毒的功效，做腌菜、包烤肉、煮鱼汤都很不错；略带气味的艾草，种在室内可以驱虫，春季还可以采摘嫩叶，制作青团。

03 慢食慢活

与其追赶，不如放慢脚步，享受当下。

这束餐桌花是陈羲玲（Sara）送给我的 2018 年圣诞节礼物，由她花费 3 小时亲手制作完成。
图片由陈羲玲提供。

这些年，我们身处一辆快速前进的列车中，追求生活的多姿多彩，只顾加速前行。2020 年全球暴发新冠肺炎疫情，使得列车来了一次急刹车。当列车停下时，车里的每个人也都被迫停下，闭关反思。

一个个鲜活的生命，在我们身边转瞬即逝。我们发现，不顾一切地拼命追赶，到头来可能只是一场空。与其追赶，不如放慢脚步，享受当下。

践行慢生活，可以从慢慢地吃一顿饭开始。

意大利“慢食教父”卡洛·佩特里尼（Carlo Petrini）在 20 世纪 80 年代提出了他的生活主张：慢食慢活（Slow life，Slow food）。

意大利人好像总是比其他大多数欧洲国家的人快乐一些，可能就和他们性格中的“慢条斯理”有关。

我自己曾在意大利旅行。我发现，这个国家的人，吃饭是极慢的。吃饭不仅仅是为了填饱肚子那么简单。品尝美味食物，是享受人生的重要组成部分。

卡洛·佩特里尼为慢食主义者制定了“6M”原则：

Meal（美味的食物）；

Menu（精致的菜单）；

Music（醉人的音乐）；

Manner（周到的礼仪）；

Mood（高雅的氛围）；

Meeting（愉悦的面谈）。

但说实话，想要成为慢食者，是需要学习的。但越坚持慢食，你越会对生活讲究。

我身边有一位“习慢者”陈羲玲。2014年，我和她一起去意大利旅行，回国后，她就开始践行慢食慢活。

她格外重视“菜单”。这个菜单，并非餐馆里提供的实体菜单，而是食物的来源。

比如，她的一条饮食原则是“不时不食”，即尽量选择吃当季的食物。在她看来，天然完整、没有经过加工精制的食物，依然保有生命力，是最健康的食物。这些年，她开始走访全世界各地的有机农场，寻找更多健康的食物。

2018年圣诞节前夕，陈羲玲来我家做客。我们与大学时期认识的好友们聚餐聊天。有人从家里带来火锅锅具，有人带来羊肉、牛肉等食材，陈羲玲则手捧一束餐桌花。这是她亲手完成的插花作品。自从“习慢”后，她越发重视用餐氛围。布置餐桌花，是打造就餐仪式感的好方法。如今，她已坚持学习2年，完成了在上海开课的日本协会Mami Flower的中级花艺课程，并计划继续学习高级课程。

一日三餐慢食，学习赏花、插花，陈羲玲把平淡如水的日子，变成了令人享受的艺术。

如果你感觉对生活厌倦了，或是陷入抑郁的情绪，请从吃饭开始，让自己慢下来。

比如，每一口饭咀嚼10次，直到它们变成流汁，再吞咽下去。从调整吃饭节奏这件事开始，慢慢找到让自己最舒服的生命节奏。

比如，为自己准备一束餐桌花，挑选几支轻柔的曲子，在布置餐桌的时候当作背景音乐吧。万芳的《慢火车》就很合适。

慢火车

火车慢

我只能前进不能回转
因为心中燃烧着柔情
慢火车也能爬上山顶端
如果一路有欢笑有迷乱
也有田园风景和美丽山川
而你的眼神是不会改变
永远的灿烂
……

比如，减少一个人吃饭的机会。多找一些知心友人相伴，度过午餐和晚餐时光。

一旦慢下来，你会感觉生命充实而有力，生活变得井井有条。生活的美意，也将无处不在。

你有多久没有慢慢吃一顿饭了？

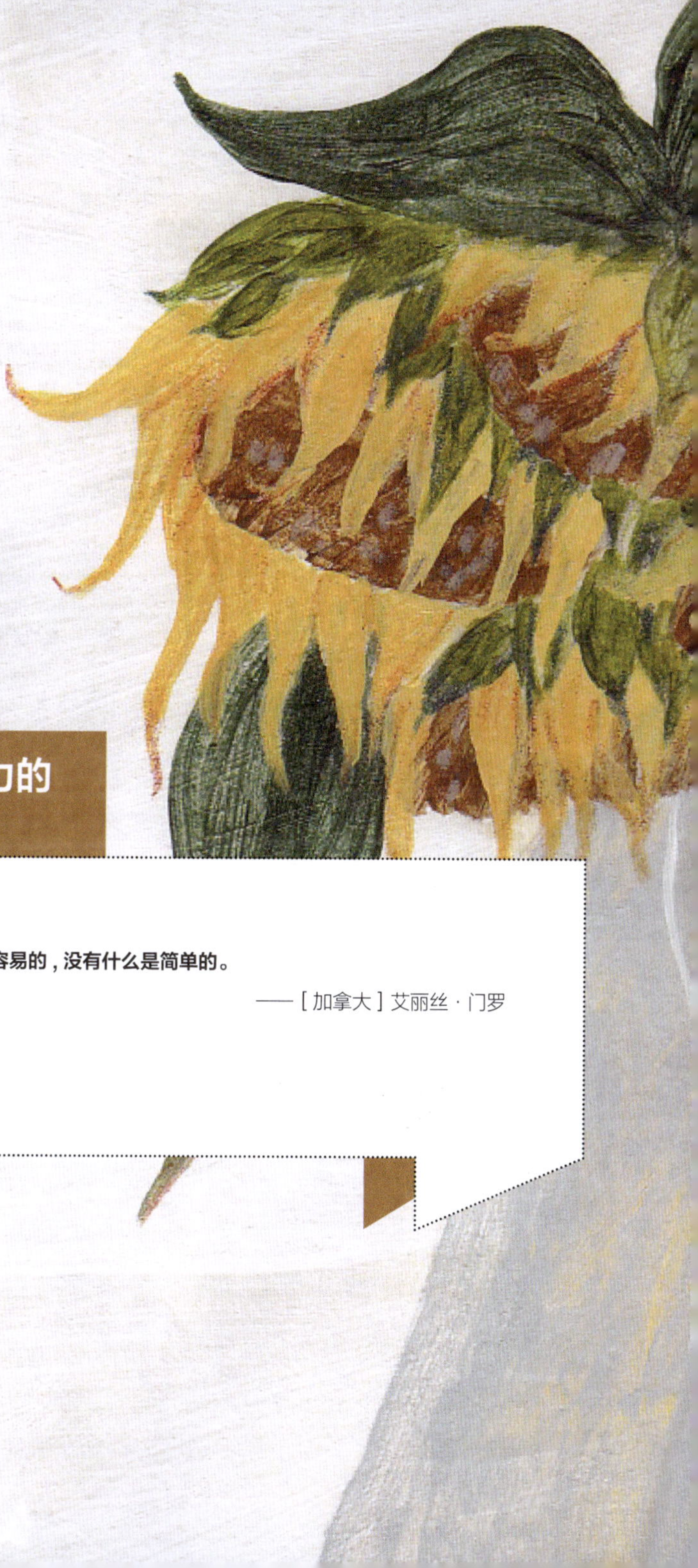

给你滋养力的名言短句：

没有什么是容易的，没有什么是简单的。

——［加拿大］艾丽丝·门罗

04 日常生活流程化

规划力越强，越有助于掌握自己人生的主动权。

李倩（Stephanie）每天都会把日常生活的流程记录下来，并不断细化、量化与优化，以便更好地掌控自己的人生。
图片由李倩提供。

2019 年 2 月，“时尚大帝”卡尔·拉格斐（Karl Lagerfeld）去世。

我在朋友圈看到这样一句评论：卡尔的一生，活出了别人的三生三世。

这是多么令人羡慕的成就。

想要活出比别人更充实高效的人生，很重要的一点，就是有规划力。你需要学会日常生活流程化（SOP，Standard Operating Procedure，即标准作业程序）。

我最早接触到的“流程化”，是在每日工作前做待做事项的清单（to do list）。每天清晨到办公室，第一件事就是把当天需要做的事情全部列入清单，然后根据事情的“重要”和“紧急”程度，分类到四象限中。后来，我把这个方法简化成罗列任务清单，把任务分成“重要”“一般”“不重要”3 类。最重要的任务通常只有一个。先竭尽全力把最重要的任务完成，其他事情做起来，也会非常顺手，好像可以自动完成似的。

后来，我发现，原来家庭清洁工作也可以“流程化”。美国高人气清洁专家贝基·拉平竺（Becky Raphinchuk）的《10分钟扫除术》一书里提到，家庭的任何区域，只要规划合理，都可以在10分钟左右完成清洁工作。

2017年，我遇见了一个“流程化”的终极高手李倩。生活在美国萨凡纳小城的她，可以把一天24小时统统流程化。

她每天清晨5点起床，坚持晨跑，手绘日记，工作日白天在一所美国大学担任行政管理工作，每天为一家三口做3顿饭（包括自己、先生以及儿子的午餐便当）。同时，她还在攻读第二个硕士学位，拥有一个自己的自媒体公众号。

在反复讨教经验后，我发现日常生活流程化已深入她的骨髓，成为她思考方式的一部分。

她告诉我，标准化流程的制定，并不是最难的。想要长久贯彻执行，就需要不断评估、调整、优化。

日常生活流程化，一方面解放了你的大脑，让许多事情变得轻松；另一方面，它又依赖你有意识地去调整优化。人在江湖，总有身不由己的时候。所以，完全不必为了没有完美执行这个流程而苦恼。每一个精心设计的标准化流程，都存在细化、量化和优化的空间。

如果你也想尝试日常生活流程化，可以从以下3个维度开始列清单：

1. 个人成长维度；

2. 工作维度；

3. 家庭生活维度。

每月月末评估一次，并为下一个月的流程做调整优化。其中，家庭生活维度的流程制定，可以邀请家人参与讨论。比如说，把你做饭、老公负责洗碗列入标准化流程，每个人就会很清楚地知道自己的任务。这样就能规避一个人又做饭又洗碗，另一个人却觉得理所应当的情况。当洗碗任务由于工作太累没有完成时，你帮助他完成任务，正常情况下，他会因你帮他完成任务而心存感激。

小贴士：李倩的日常生活流程

1. 个人成长维度

5：00 起床，写晨间日记

5：30 晨跑

6：00 做一家三口的早餐和午餐便当

7：30 洗澡，穿衣

8：00 出发上班（车上看心情听音频节目）

8：30—17：30 工作

17：30 下班，接孩子放学（车上看心情听音频节目）

18：15 到家，做晚饭（看心情听音频节目）

19：00—20：30 吃饭，洗碗，陪孩子（先生负责倒垃圾）

20：30—22：00 阅读，写作

22：00 先关灯，在黑暗中给孩子讲故事，睡觉

2. 家庭维度

周一到周五：准备孩子上学的午餐

周一到周六：准备自己和先生上班的午餐

周六：购买食材，打扫房间。每个月第一周衣柜断舍离，第二周厨房断舍离，第三周卧室断舍离，第四周车库断舍离

周日：洗衣服，打扫院子，陪家人，休息

下面，拿出纸笔，写下你的第一份日常生活流程吧。

练习：写下你的日常生活流程

05 轻旅行

轻旅行，永远和年轻的心连在一起。

琳琳兴（Linlinxing）在轻旅行过程中必带的相机。

相机上的毛球，是一个声音采集器，帮助捕捉大自然的声音。

图片由琳琳兴提供。

前几年，“第1整理术 Yi Organizer”自媒体有机会专访香港创意人、生活美学家欧阳应霁。他送给我一句话：“不要把年轻的、躁动的、放肆的身心，给‘整理’掉！”

我一直把这句话记在心里。

在我看来，一个人老去的象征，不是生理年龄超过某个数字，而是失去了对人世间的好奇。

没有负担的轻旅行，给单调乏味的生活，按下重启键。如果可以的话，至少每年给自己安排 1 周的假期，让心情彻底放松。在这个假期，你没有烦琐的事务需要处理，远离复杂的人际关系，带着很少的行囊，踏上陌生的土地，用双脚去丈量一座新城市。

在旅行这件事上，我足够贪心。

2016 年全职创业后，我依然没有放弃旅行。

创业 4 年，我去过 2 次日本，分别待了 2 周；去了 1 次美国，待了近 1 个月。

有人问我："你是创业人士啊，难道不需要工作吗？"

我回答："走走看看，汲取灵感，正是媒体工作重要的组成部分。"

我从大学毕业之后不久进入《外滩画报》社，直到 2015 年 10 月 21 日离开，一共工作 7 年 13 天。这是一份拿着工资，可以幸福地全世界乱跑的工作。从此，旅行成了我戒不掉的“精神药品”。

无论是工作出差，还是自费旅行，我都选择轻装上阵。

我给自己拟定了 3 条“旅行减负”标准。

第一条：物品减负。

只带上很少的东西。我会根据旅行天数准备服装。通常选择可以上下搭配的服装，时长 2 周的旅行，带上 3 件上衣，3 件下装，再加上在旅行地可能会购买 3 件左右漂亮的单品，就可以确保 2 周不重样。

第二条：规划减负。

旅行前少规划，才能遇见出乎意料的惊喜。正因为自由自在，毫无规划，我曾在美国华盛顿白宫门口偶遇坐在车中的奥巴马，在英国伦敦白金汉宫门口遇见穿着碎花裙的女王坐着专属座驾出行，在比利时遇见当时的国王、王妃……这些“偶遇”，其实也非完全凑巧。正因为旅行不设限，我愿意走走停停，挤在人群里凑凑热闹，这样往往就能收获意想不到的风景。

第三条：金钱减负。

对我来说，奢华圆梦之旅并不是我的终极追求。唯有和家人一起旅行时，我才舍得把钱投资在住四星或五星级酒店上。一旦只身一人旅行，我多会选择青旅或胶囊旅店。我把它们当作曼妙的生活体验。年纪越大，住青旅的机会也会越来越少，想想还有些舍不得呢。

我的身边，还有一位极简的轻旅行者。他是居住在东京的民宿主人琳琳兴。有一次，他发给我一张回国探亲的照片——双手空空，全身上下只有一个双肩包，十分潇洒。

以下是琳琳兴的极简旅行规则，欢迎读一读，作为你的下一次轻旅行指南。

极简轻旅行规则 1

拒绝行李箱，选择轻便的背包。

简单的行李，让你方便移动。

极简轻旅行规则 2

行李的重量不超过你体重的 5%，这样才不会对你造成负担。

轻便的行李，让你能走更远，欣赏更多风景。

极简轻旅行规则 3

带上你的旧物品，路上边走边“扔”。

未必是扔掉。你可以和路上遇到的朋友交换，或送给他们做礼物。

极简轻旅行规则 4

很多物品可以在路上添置，并在路上消耗。

你不是去荒岛生存。

极简轻旅行规则 5

以克为单位，找一些性能优秀、轻便的户外用品。

这样旅途中不会被行李拖累，灵活性和机动性都会很好，可以走更远的路，看更多风景。

极简轻旅行规则 6

路费是旅途中最重要开支。

住宿和餐饮，视预算决定。如果愿意节约部分住宿和餐饮开支，就能将预算用在选择飞机、火车或其他交通工具上，最舒适、最快速地去你最想去的地方。

背上最轻的行囊，去你最想去的地方吧。

给你滋养力的名言短句：

弃繁就简，得智诸事顺遂；

当舍则舍，不争赢得世界。

——日本禅师枡野俊明

06 零垃圾

零垃圾是发挥创造力的生活艺术。

“零垃圾女孩”杨雨婷（Chris）用废旧的玻璃瓶插花，作为礼物送给邻居和到访的友人。
图片由杨雨婷提供。

“零垃圾”是发源于美国的流行生活方式。它不是为了挑战人类生活极限而存在的概念，也不是真人秀。你无须对自己苛刻，只需发挥创意，把生活中的垃圾减到最少，就可以了。

2019 年上海正式实行垃圾分类，让我有机会重新审视自己的生活。试运行的那段时期，我每天研究自己的生活垃圾。我发现，包括厨余垃圾和植物、鲜花在内的湿垃圾，是很容易被回收处理的。纸张、塑料罐、玻璃瓶、金属瓶等可回收垃圾，也容易被二次利用。给地球造成最大负担的，是干垃圾，比如不能被再次利用的餐巾纸、各类快餐塑料盒、塑料袋等。这些东西，本来就无法为人们带来幸福感。

我自己做了以下事情，减少生活垃圾的产生。

1. 回收再利用

把使用完毕的香熏蜡烛瓶当作收纳瓶，收纳文具或毛刷类化妆工具，每次取放时，都会闻到淡淡余香。由于香熏蜡烛的烛芯多次燃烧后，可能会产生黑色“小蘑菇”，在把瓶子当成收纳瓶使用前，建议先用剪刀把“小蘑菇”剪除。如果用手摘除，会把手指染黑。

2. 爱上环保袋

我使用的是我和美国零垃圾实践者李倩一起推出的“绿舍离”环保袋。这个袋子的图案，是我们邀请萨凡纳艺术设计学院的中国留学生张顺杰设计的。它背在身上，好像一个时髦的单肩包。使用环保袋买菜的好处是，它可以提醒我买到袋子装不下就停止，以免过度囤积物品。

3. 多去一些展示美好生活的场所

目前，全世界许多一线城市，都开设了零垃圾商店，北京也有一家。消费者可以在店内购买无包装的散装食材，以及用环保材料包装的日用品。这类商店的创始人，多是受美国纽约零垃圾博主劳伦·辛格和贝亚·约翰逊的影响。前者是全球知名的零垃圾博主，每年只产生一个梅森瓶大小的生活垃圾的她，在纽约布鲁克林开设了一家具有引领性的零垃圾商店。而后者出版的《零垃圾之家》（*Zero Waste Home*）一书，是零垃圾实践者心目中的经典“教科书”。

我自己曾在 2019 年夏天探访过劳伦·辛格的零垃圾商店。它坐落在布鲁克林一条不起眼的小道上。进来参观的客人，大多抱着学习者的心态，去观察环保日用品的模样。我第一次看见可以重复使用的卫生巾，用可降解材料做包装的牙膏。防晒霜被制成长条状，用纸包裹着，使用时需要像口红一样旋转出来。防晒霜包装盒顶部画着一只小海龟。原来，这是一支对海洋生物友好的防晒霜，涂抹后入海游泳，不会对海洋生物造成伤害。逛零垃圾商店的过程，满足了我对未来美好生活的想象。

零垃圾生活，不仅是对地球友好的方式，更重要的是，它会让你变得自律，爱上积极健康的清爽生活。

居住在澳大利亚的“零垃圾女孩”杨雨婷曾和我分享过她的“零垃圾四乐”：

快乐之一：收获有故事的物品。

零垃圾生活鼓励我们购买二手物品，在寻找和购买的过程中，会收获很大的快乐。每一件二手物品，都有一个故事，等待你去发现。

快乐之二：受到别人的肯定与鼓励。

有一天，杨雨婷在一家面包店使用布袋买面包时，因为老奶奶的一句“good girl”（好姑娘）美了一天。平淡无奇的日子，因别人的夸赞变得灿烂美好。

快乐之三：成就感和满足感。

零垃圾生活鼓励人们自己动手，比如亲手制作蜂蜜、蜂蜡布、天然清洁剂等。不管是在制作的过程中，还是在赠予他人的时候，都会产生一种成就感。尤其是看到朋友脸上惊喜的表情，没什么比它更令人满足了。

快乐之四：省钱。

购买二手物品、定期出售闲置物品，物欲减少，可以省下一大笔日常开销。

小贴士：自制清洁剂

零垃圾实践者偏好自制清洁剂，因为他们相信自制品比超市货架上的商品好用、省钱。更重要的是，解放了鼻子。以下是杨雨婷的自制清洁剂配方，供你参考：

全能水：水、皂液、精油；

玻璃水：白醋、水、精油；

去污膏：皂液和小苏打混合至黏稠；

电子产品喷雾：蒸馏水、适量的酒精；

汽车内饰喷雾：婴儿油、热水、皂液；

室内空气清新喷雾：水、果皮、香料。

感谢我在《外滩画报》工作时给予我许多鼓励的前辈田健东老师、曾进老师。谢谢你们让我成为一个对讲故事感兴趣的人。对于写作这件事，我自认为天赋不足，缺乏灵气，但正是与你们一同工作的日子，让我发现：发掘故事、记录故事、传播故事，是我的生命的热诚所在。

感谢《怦然心动的人生整理魔法》作者近藤麻理惠，《断舍离》作者山下英子，《写出我心》作者娜塔莉·戈德堡，欧阳应霁老师，你们让我学会如何通过整理空间、整理文字，去完整地表达自己。

感谢李欣频老师、林书民老师。我喜欢在跑步时听你们的线上课程，并把从课程中接收到的灵感，化成文字，分享给更多人。

感谢本书的策划编辑刘洋，广西科学技术出版社的编辑团队、设计师和插画师。谢谢为这本书拍摄大量照片的摄影师路远。我们拥有共同的生活信仰，欣赏和践行小而美的简约生活方式。我们虽然分别在上海和北京两地工作，但始终能感受到彼此心意相通。

谢谢我的朋友：敬子、赵筱筠、逯薇、许鹏、池田惠美、李倩（Stephanie）、付定坤（Tony Fu）、琳琳兴（Linlinxing）、王翌（大空君）、陈圆明、高雁鹏、杨雨婷（Chris）、詹妮斯·西格里斯特（Janice Sigrist）等。感谢你们愿意敞开心扉，与我聊天，让我走进你们的内心世界。每每与你们交流，我都会觉得自己正兴致盎然地在深邃的迷宫探险。

谢谢与我并肩创业的伙伴们：刘缘、沈绮（拉斐尔）、童俊端、张红霞（Ella）等。创业让我们看见自己、释放自己、关爱自己。等到有一天，老去的我们相聚在一起，可以大声说出："这一生，我们一起做了一些内心想做的事情，我们不后悔！"

谢谢上海女性创业支持平台"海蕴"的创始人杨震老师和忻敏洁老师。你们提供的培训课程，让我感受到女性在追求理想过程中传递出的爱与美，具有不可阻挡的力量。

感谢在创业道路上支持我的殷智贤老师、战卫光律师、菊凌老师、姚建军老师、孙建伟老师、李国华老师、关永康老师、李齐章老师。

谢谢我职场上的伯乐。他们是杨桦老师、陈序老师、钮鸣鸣老师、陈舒校长、许青川老师、陈恒达老师等。谢谢你们给我机会，带领我发现更好的自己。

谢谢我的研究生导师洪兵——一个灵魂很自由的人。

谢谢我的父母。“永远做让自己快乐的事”和“不自私”是他们对我的教诲。这两句话让我在做人生抉择时，变得坚定。

最后，谢谢所有支持和守护“第1整理术 Yi Organizer”自媒体的朋友。写书时我脑海里想象的读者画像，正是你们的样子。如果没有你们，就不会有这本书的存在。

撰写这本书的过程，是一次自我清空。人生中途，卸下行囊，放空放松，是为了积蓄力量，拥抱未知的精彩。希望你们在读这本书的时候，也能感受到我如获新生般的喜悦。

后记 Postscript

我觉得，35 岁是女性人生的一道分水岭：

35 岁前，从懵懂少女走向青年成熟；

35 岁后，从轻熟状态走向优雅绽放。

站在这道分水岭处，我把《日日滋养：365 天爱自己的生活良方》这本书作为前半生与后半生的接力棒。

对于读者，我希望它有机会成为你们的枕边书。如果你们通过阅读这本书，找到一些共鸣，收获一些启发，或是感受到一位远方的“闺蜜”絮絮叨叨的讲述带给你们一些温暖，我会感觉非常骄傲。

写作的过程中，收获最大的，是我不断地感受到自己的心流，信任从身体内发出的声音。

这是一本我写给自己的生命情书。它本是很私密的东西，都是我的心里话。哪怕不出版，我也愿意写给自己看。

第一遍修改书稿时，我有些心生退意。重读初稿，感觉是那么糟糕。多么幼稚的文字，怎能公开发表呢？

最终，我鼓起勇气，修改、润色、拍照、交付稿件，缘自一位媒体前辈的鼓励。

我把出版此书的担忧告诉《时尚家居》前主编、《整理家，整理亲密关系》的作者殷智贤老师。她用微信语音回复："感觉自己的书稿糟糕太正常了。调整心态，提笔重写就是了。我的部分书稿，都是修改五六回才交稿呢。"

整本书从选题酝酿到最终出版，历时近 3 年，这期间，我经历了从自我激励、自我否定，再到自我接纳的过程。我想：人不正是从一个个情绪起伏中成长起来的吗？

这不是一本鼓吹成功学的书，也不是一本教你生活技巧的书。

你不会因为看完这本书，马上成为一位生活达人。

但是，如果你是一个珍惜生命、珍爱生活的人，我相信这本书，将会带给你明媚的心情，陪伴你找到适合自己的滋养生命的方式。当你在生活中遇见难题时，别着急破解，等你的心告诉你答案。

我不想只把这本书当作可以阅读的工具，我希望你可以利用它来抒发内心的情感。向后翻，利用后面的留白页，把你想写的写下，当作礼物送给自己吧！

滋养力小测试

（0—10分）

你有多爱你自己？

○○○○○○○○○○

你为你的空间滋养力打几分？

○○○○○○○○○○

你为你的身体滋养力打几分？

○○○○○○○○○○

你为你的心灵滋养力打几分？

○○○○○○○○○○

你为你的精神滋养力打几分？

○○○○○○○○○○

你为你的梦想滋养力打几分？

○○○○○○○○○○

找到你的人生目标

根据第四章第一篇《找到初心》里提到的方法，拿出一支笔，来探索你的人生目标吧。

你最心动的滋养方式

写下你看完这本书后最喜欢的
滋养方式或者专属于你的滋养方式。

写下你最感谢的人

看完这本书，你最想把它分享给谁？
写下你与他之间的故事吧。

给自己写一封情书

用自由书写的方式，写下给自己的私密心语和未来祝福。